"十三五"国家重点图书出版规划项目
湖北省公益学术著作出版专项资金资助项目
智能制造与机器人理论及技术研究丛书

总主编　丁汉　孙容磊

面向智慧物流的人机服务隐式互操作

李文锋　杨林◎著

MIANXIANG ZHIHUI WULIU DE
RENJI FUWU YINSHI HUCAOZUO

http://press.hust.edu.cn
中国·武汉

内 容 简 介

本书以工业物联网中人与 AGV 等物流资源联合作业为背景,开展了人机服务隐式互操作方法、调度算法等的研究与分析,期待提升少人化物流系统的宜人性、节拍均衡性,提高响应效率。全书共 8 章,从工业物联网、智慧物流服务、人机隐式互操作机理与模型、服务发现与选择机制等方面进行阐述,可以作为高等学校相关专业师生和相关工程领域的科研技术工作者的参考书,帮助其了解未来智能工厂中物流系统的改进途径以及智能物流的人机服务共融技术。

图书在版编目(CIP)数据

面向智慧物流的人机服务隐式互操作/李文锋,杨林著. —武汉:华中科技大学出版社,2023.1

(智能制造与机器人理论及技术研究丛书)

ISBN 978-7-5680-8980-7

Ⅰ.①面⋯ Ⅱ.①李⋯ ②杨⋯ Ⅲ.①智能技术-应用-物流管理 Ⅳ.①F252.1-39

中国版本图书馆 CIP 数据核字(2022)第 239232 号

面向智慧物流的人机服务隐式互操作 李文锋 杨 林著
MIANXIANG ZHIHUI WULIU DE RENJI FUWU YINSHI HUCAOZUO

策划编辑:俞道凯 胡周昊	
责任编辑:杨赛君	
封面设计:原色设计	
责任监印:周治超	
出版发行:华中科技大学出版社(中国·武汉)	电话:(027)81321913
武汉市东湖新技术开发区华工科技园	邮编:430223
录　　排:武汉市洪山区佳年华文印部	
印　　刷:湖北新华印务有限公司	
开　　本:710mm×1000mm　1/16	
印　　张:11	
字　　数:186 千字	
版　　次:2023 年 1 月第 1 版第 1 次印刷	
定　　价:98.00 元	

本书若有印装质量问题,请向出版社营销中心调换
全国免费服务热线:400-6679-118　竭诚为您服务
版权所有　侵权必究

智能制造与机器人理论及技术研究丛书

专家委员会

主任委员 熊有伦（华中科技大学）

委　　员 （按姓氏笔画排序）

卢秉恒（西安交通大学）　　朱　荻（南京航空航天大学）　　阮雪榆（上海交通大学）
杨华勇（浙江大学）　　　　张建伟（德国汉堡大学）　　　　邵新宇（华中科技大学）
林忠钦（上海交通大学）　　蒋庄德（西安交通大学）　　　　谭建荣（浙江大学）

顾问委员会

主任委员 李国民（佐治亚理工学院）

委　　员 （按姓氏笔画排序）

于海斌（中国科学院沈阳自动化研究所）　　　王飞跃（中国科学院自动化研究所）
王田苗（北京航空航天大学）　　　　　　　　尹周平（华中科技大学）
甘中学（宁波市智能制造产业研究院）　　　　史铁林（华中科技大学）
朱向阳（上海交通大学）　　　　　　　　　　刘　宏（哈尔滨工业大学）
孙立宁（苏州大学）　　　　　　　　　　　　李　斌（华中科技大学）
杨桂林（中国科学院宁波材料技术与工程研究所）张　丹（北京交通大学）
孟　光（上海航天技术研究院）　　　　　　　姜钟平（美国纽约大学）
黄　田（天津大学）　　　　　　　　　　　　黄明辉（中南大学）

编写委员会

主任委员 丁　汉（华中科技大学）　　孙容磊（华中科技大学）

委　　员 （按姓氏笔画排序）

王成恩（上海交通大学）　　方勇纯（南开大学）　　　　　　史玉升（华中科技大学）
乔　红（中国科学院自动化研究所）孙树栋（西北工业大学）　　杜志江（哈尔滨工业大学）
张定华（西北工业大学）　　张宪民（华南理工大学）　　　　范大鹏（国防科技大学）
顾新建（浙江大学）　　　　陶　波（华中科技大学）　　　　韩建达（南开大学）
蔺永诚（中南大学）　　　　熊　刚（中国科学院自动化研究所）熊振华（上海交通大学）

作者简介

▶ **李文锋** 武汉理工大学二级教授,博士生导师。瑞典皇家理工学院自治系统研究中心访问学者,美国新泽西理工学院、纽约大学和澳大利亚新南威尔士大学访问教授。湖北省有突出贡献的中青年专家。教育部高等学校物流管理与工程类专业教学指导委员会委员,中国"双法"研究会多式联运分会副理事长,中国人工智能学会智能制造专业委员会常务委员,中国机械工程学会机器人专业委员会委员,中国物流学会常务理事,中国系统工程学会物流系统工程专业委员会及港航经济专业委员会常务委员,湖北省机械工程学会机械设计与传动专业委员会副主任委员,武汉物联网产业协会副理事长,武汉机械设计与传动学会理事长,IEEE 高级会员,IEEE SMC 武汉区分会主席及IEEE国际机器人与自动化协会物流自动化专业协会共同主席。先后承担国家自然科学基金项目、国家"十一五""十二五"科技支撑计划项目、国家863计划项目。先后发表科研论文400余篇,有300余篇次被三大检索(SCI、EI、ISTP)收录,出版专著6本、教材2本,申请国家发明专利20多项。先后获得省部级科技进步一等奖2项、二等奖7项、三等奖1项。

主要研究方向:环境感知与系统协作控制,物流自动化与机器人技术,物流供应链建模、仿真与优化,物联网与物流信息化技术,智慧物流,智能制造,人机工程与健康监护。

作者简介

▶ **杨林** 华中农业大学讲师,硕士研究生导师。现主持国家重点研发计划子课题、湖北省自然科学基金项目、湖北省重点研发计划课题等5项。已参与完成国家自然科学基金项目、国际科技合作重点项目、湖北省自然科学基金项目等6项,发表有关物联网领域论文30余篇,申请专利与软件著作权10余项。主要研究方向是人机互操作理论与物联网技术。

# 总序

近年来,"智能制造+共融机器人"特别引人瞩目,呈现出"万物感知、万物互联、万物智能"的时代特征。智能制造与共融机器人产业将成为优先发展的战略性新兴产业,也是"中国制造2049"创新驱动发展的巨大引擎。值得注意的是,智能汽车与无人机、水下机器人等一起所形成的规模宏大的共融机器人产业,将是今后30年各国争夺的战略高地,并将对世界经济发展、社会进步、战争形态产生重大影响。与之相关的制造科学和机器人学属于综合性学科,是联系和涵盖物质科学、信息科学、生命科学的大科学。与其他工程科学、技术科学一样,制造科学、机器人学也是将认识世界和改造世界融合为一体的大科学。20世纪中叶,*Cybernetics* 与 *Engineering Cybernetics* 等专著的发表开创了工程科学的新纪元。21世纪以来,制造科学、机器人学和人工智能等领域异常活跃,影响深远,是"智能制造+共融机器人"原始创新的源泉。

华中科技大学出版社紧跟时代潮流,瞄准智能制造和机器人的科技前沿,组织策划了本套"智能制造与机器人理论及技术研究丛书"。丛书涉及的内容十分广泛,热烈欢迎各位专家从不同的视野、不同的角度、不同的领域著书立说。选题要点包括但不限于:智能制造的各个环节,如研究、开发、设计、加工、成形和装配等;智能制造的各个学科领域,如智能控制、智能感知、智能装备、智能系统、智能物流和智能自动化等;各类机器人,如工业机器人、服务机器人、极端机器人、海陆空机器人、仿生/类生/拟人机器人、软体机器人和微纳机器人等的发展和应用;与机器人学有关的机构学与力学、机动性与操作性、运动规划与运动控制、智能驾驶与智能网联、人机交互与人机共融等;人工智能、认知科学、大数据、云制造、物联网和互联网等。

本套丛书将成为有关领域专家、学者学术交流与合作的平台,青年科学家茁壮成长的园地,科学家展示研究成果的国际舞台。华中科技大学出版社将与

施普林格(Springer)出版集团等国际学术出版机构一起,针对本套丛书进行全球联合出版发行,同时该社也与有关国际学术会议、国际学术期刊建立了密切联系,为提升本套丛书的学术水平和实用价值,扩大丛书的国际影响营造了良好的学术生态环境。

近年来,高校师生、各领域专家和科技工作者等各界人士对智能制造和机器人的热情与日俱增。这套丛书将成为有关领域专家、高校师生与工程技术人员之间的纽带,增强作者与读者之间的联系,加快发现知识、传授知识、增长知识和更新知识的进程,为经济建设、社会进步、科技发展做出贡献。

最后,衷心感谢为本套丛书做出贡献的作者和读者,感谢他们为创新驱动发展增添正能量、聚集正能量、发挥正能量。感谢华中科技大学出版社相关人员在组织、策划过程中的辛勤劳动。

华中科技大学教授
中国科学院院士
熊有伦
2017 年 9 月

前言

人口老年化、制造业人力资源匮乏问题日益严重,使得人机协作一直是智能制造领域关注的热点。一些简单、费力、重复、不安全的任务由机器人完成,复杂、精密、需要运用批判性思维与定制的任务由机器人辅助操作员完成,操作员借助工业物联网技术与机器人连接并分配任务。这种人与机器人共存、联合作业的场景伴随着大量的互操作。以人为中心的工业物联网技术是关系国计民生的重要技术,是提升国家制造业竞争力的迫切需要,对实现"中国制造2025"战略具有重要意义。工业物联网技术提升了智能制造的工人、AGV(搬运机器人)等物理对象的网络化、智能化水平,形成了人与AGV联合作业的智慧物流服务网络。伴随着工业物联网的普及,智能制造的物流交互过程更加复杂。

人与周边智慧物流服务的互操作问题已有较多工业物联网解决方案,但还存在很多亟须解决的问题,如人机互操作中需求时空动态多变、服务响应拥塞、群集设备无线探测与连接存在盲目性等问题。智慧物流的人机服务隐式互操作方法可有效解决这类问题,并提升少人化与无人化物流系统的节拍均衡性,提高响应效率。如何构建人与机器人的服务交互模型,开发出更加高效的机器人服务筛选算法,与智慧物流中人和AGV等物流资源联合作业应用场景相结合,形成具有一定普适性的智慧物流人机服务互操作优化架构,是本书研究的出发点。

本书力求理论研究与实践探索并重,以智慧物流服务中的人与AGV等物流资源联合作业为背景,开展智慧物流的人机服务隐式互操作方法和调度算法研究与实践。本书详细介绍了目前工业物联网环境下智慧物流服务人机交互方法及性能提升方法，论述了以服务需求为中心的人机隐式交互机理、基于 Agent 的智慧物流服务网络建模方法、人机服务需求人工势场模型构建、基于人需求的目标服务发现方法、隐式社会关系辅助的人机服务连接优化策略、智能车间物流的人机联合作业调度案例。

全书围绕智能工厂物流过程中人机互操作问题，在人机互操作的服务集成、服务发现、服务连接等三个方面展开研究与应用探索，共分为 8 章。

第 1 章对智慧物流服务与人机隐式互操作及其应用场景、意义进行了阐述。

第 2 章对工业物联网中人机互操作相关理论进行了分析与综述，介绍了智能工厂以人为中心的内涵与人机服务集成框架研究现状及方向。

第 3 章研究了人与工业物联网环境互操作模型，提出了一种服务属性触发的服务集成与互操作，并以车间物流系统为例验证了该方法的可行性。

第 4 章从智能工厂无线网络新特征、无线通信网络模型、人的移动特性等方面，探索了以服务需求为中心的人机隐式交互机理及服务直接引用关键技术。

第 5 章借鉴 Agent 方法，提出了人与机器携带的无线通信模块受通信距离限制的多代理人机交互系统，设计了智能物流服务网络中基于人需求的人工势场模型。

第 6 章针对物流服务内部代理拥塞问题提出了一种最短路径选择机制，针对物流服务外部代理拥塞问题提出了一种位置触发的按需服务发现方法。

第 7 章针对群集设备连接阶段的无线探测能量浪费问题，设计了一种带人倾向的邻居节点选择方法，提出隐式社会关系辅助的服务连接能耗优化策略。

第 8 章以智能车间物流中的人与 AGV 协作生产为例，设计了人机隐式互操作仿真原型系统，验证本书所提关键技术的可行性与性能。

本书作者及研究团队在智能制造人机互操作、以人为中心的工业物联网方面进行了多年深入研究，承担了国家重点研发计划项目、国家自然科学基金项目、科技部国际合作项目、省部级科研项目，积累了大量的理论、技术和工程应用成果。本书的关键理论和大部分内容源于这些项目成果，其中很多内容源自这些科研过程中形成的论文、科研报告、项目申报书等。

本书的顺利完成需要感谢武汉理工大学物流与机器人技术实验室团队成员的支持,在物流系统建模方面得到了李斌教授、梁晓磊副教授的协助,在智能工厂AGV协同场景分析方面得到了符修文副教授、罗云博士的帮助;同时感谢团队中段莹博士、杨文超博士、贺利军博士提供的宝贵科研素材。

本书的出版得到了国家自然科学基金面上项目"基于移动智能体调度的混杂工业无线传感器网络抗毁性研究"(编号:61571336)、湖北省自然科学基金一般面上项目"智能工业环境下以人为中心的物联网关键技术研究"(编号:2014CFB875)和"农产品加工智能工厂中人与AGV集群隐式互操作方法研究"(编号:2020CFB867)的资助;此外,还得到了华中科技大学出版社的大力支持,出版社编辑在本书撰写过程中做了大量细致工作,多次提出建设性意见,引导作者对相关内容进行订正和修改。在此一并表示诚挚的谢意。

本书仅仅对人与工业物联网互操作进行了一些探索,仍有许多问题有待未来研究。例如,考虑人机设备互学习的服务属性关联方法研究。伴随人的角色在工业4.0场景下的不断演化,各类自学习智能设备及其隐式人类知识捕捉系统应用日趋广泛,将会引发更复杂的集成动态性问题。一方面,自学习智能设备的加入必然会导致个体本体属性及知识库不确定性突显,如何降低这种不确定因素对人机互操作复杂性的影响是未来亟待解决的关键问题。另一方面,设备间相互学习也为提升工业物联网服务属性关联性提供了一种新的思路。这些研究对推动工业物联网环境下智能物流的人机服务共融技术发展具有重要意义。由于本书面向新一代工业物联网的应用场景和对象进行探索,可参考的资料不多,书中难免存在不妥之处,敬请广大读者批评指正。

李文锋　杨　林

2022年6月

目录

第1章 绪论 /1
  1.1 智慧物流服务与人机隐式互操作 /1
  1.2 本书的研究目的与意义 /3
  1.3 本书的主要研究内容 /4
  1.4 本书的主要创新点 /7

第2章 人与工业物联网服务互操作相关理论 /10
  2.1 人机互操作的服务集成 /10
    2.1.1 以人为中心的智能工厂特征 /10
    2.1.2 人与工业物联网环境集成理论 /11
    2.1.3 以人为中心的工业物联网架构相关研究 /12
  2.2 人机互操作的服务发现 /14
    2.2.1 人与工业物联网环境隐式服务交互理论 /14
    2.2.2 人机互操作的服务拥塞问题相关研究 /15
  2.3 人机互操作的服务连接 /18
    2.3.1 人与工业物联网设备连接特征 /18
    2.3.2 工业物联网设备对设备无线连接理论 /19
    2.3.3 隐式社会关系辅助的设备连接策略相关研究 /20
  2.4 存在的问题及研究方向 /21
    2.4.1 人机互操作的服务封装与互操作技术 /21
    2.4.2 人机互操作的服务拥塞问题 /22
    2.4.3 人机社会属性对工业物联网服务连接的影响 /22

2.5 本章小结 /23

第3章 人与工业物联网服务集成与互操作架构 /24
  3.1 引言 /24
  3.2 以人为中心的工业物联网架构 /25
    3.2.1 人与工业物联网环境的互操作模型 /25
    3.2.2 社会化设备对设备工业物联网架构 /27
    3.2.3 以人为中心的智能车间物流案例 /30
  3.3 人机互操作的服务集成技术 /32
    3.3.1 人的服务模型 /32
    3.3.2 人的服务互操作参数封装 /34
    3.3.3 社会化设备的服务模型 /36
    3.3.4 社会化设备的服务互操作参数封装 /38
    3.3.5 参数触发的人机服务集成技术 /40
  3.4 人机互操作的服务按需集成案例 /44
  3.5 本章小结 /47

第4章 以服务需求为中心的人机隐式交互机理 /48
  4.1 引言 /48
  4.2 智能物流的人邻近服务发现机制 /48
  4.3 人机互操作的服务拥塞问题 /50
  4.4 以服务需求为中心的人机隐式交互机理 /52
    4.4.1 智能工厂无线通信网络与隐式社会关系 /52
    4.4.2 社会关系辅助的人机设备无线连接机理 /55
    4.4.3 以人为中心的社会化无线网络模型 /57
    4.4.4 以人为中心的移动交互系统模型 /60
  4.5 人机隐式互操作关键技术 /62
    4.5.1 人机互操作的服务直接引用范式 /62
    4.5.2 人机互操作的记录分布式存储技术 /63
  4.6 本章小结 /65

第5章 基于多代理系统的物流服务建模 /66
  5.1 引言 /66
  5.2 工业物联网服务多代理架构 /66

目录

    5.3 位置约束的多代理系统模型 /69

    5.4 人机服务需求人工势场模型构建 /71

        5.4.1 以用户需求为中心的人工势场建模 /71

        5.4.2 用户邻近服务时空划分模型 /75

    5.5 本章小结 /77

第6章 按人需求的目标服务发现方法 /78

    6.1 引言 /78

    6.2 服务代理网络内服务节点发现技术 /79

    6.3 位置触发的按需服务发现算法 /81

    6.4 方案性能评估与分析 /84

        6.4.1 场景描述与仿真环境 /84

        6.4.2 方案评估指标与理论分析 /86

        6.4.3 计算结果分析 /88

    6.5 本章小结 /93

第7章 隐式社会关系辅助的人机服务连接优化策略 /94

    7.1 引言 /94

    7.2 人机混杂网络的隐式社会关系构建方法 /95

        7.2.1 隐式社会关系挖掘的社区和中心度指标 /95

        7.2.2 隐式社会关系及人机互操作数学模型 /96

        7.2.3 隐式社会关系的随机接触构建算法 /98

    7.3 隐式社会关系辅助的服务连接能耗优化策略 /103

        7.3.1 目标服务连接的邻居探测能耗问题描述 /103

        7.3.2 隐式社会关系辅助的服务连接算法 /105

    7.4 方案性能评估与分析 /110

        7.4.1 仿真数据与真实数据集 /110

        7.4.2 方案评估指标与影响因素 /113

        7.4.3 计算结果分析 /114

    7.5 本章小结 /119

第8章 智能车间物流的人机联合作业生产调度案例 /120

    8.1 引言 /120

    8.2 Andon系统中人机隐式互操作 /120

8.2.1　工业 4.0 车间物流 Andon 系统　/120
  8.2.2　Andon 系统中人的信息集成　/121
  8.2.3　Andon 系统中人机生产异常　/122
  8.2.4　生产异常触发的隐式人机互操作　/123
 8.3　隐式互操作模式下人与 AGV 协同搬运案例　/125
  8.3.1　关键技术在人机协同搬运中的应用　/125
  8.3.2　人机隐式互操作仿真平台架构　/129
  8.3.3　人与 AGV 协同搬运的性能分析　/132
 8.4　本章小结　/137

参考文献　/138

附录　/154
 附录 A　人与 AGV 协同搬运的车间布局及隐式关系示例　/154
 附录 B　主要数学符号　/156

第1章 绪论

1.1 智慧物流服务与人机隐式互操作

世界正迎来新一轮工业技术革命,各国纷纷将第四次工业革命提升到国家战略发展的高度,并提出相应发展规划,如我国的"中国制造2025[1]"、德国的"工业4.0[2]"、美国的"实现21世纪智能制造[3]"等。下一代智能制造必将带来工业劳动者及其工作环境的变革[4]。这场变革将涉及产品生产系统的设计、制造、物流与服务的各个环节,对未来工厂中的人机交互类型产生深远影响[5]。如图1-1所示,工业4.0环境下人机交互进入新时代,即人与工业物联网系统(human industrial internet of things,H-IIoT)交互时代[6]。

人机互操作1.0　　人机互操作2.0　　人机互操作3.0　　人与工业物联网互操作4.0

图1-1　人与工业环境交互发展阶段

工业物联网技术提升了工人、AGV(搬运机器人)、现场设备、仓储等工厂资源的网络化、智能化水平,形成人机混杂的智慧物流服务网络。智能工厂中人与AGV联合作业是典型的智慧物流服务场景,而人的非固定节拍控制,导致服务发现过程中人周边服务拥塞或不足。另外,基于AGV的社会化智能机器人,在联合作业中提供服务的同时,其高密度部署和移动性增加了无线连接的盲目性,且其动态交互中隐藏着非预设的社会关系。人机交互的服务发现和连接技术催生了新的制造模式。

在人与工业物联网互操作的新制造模式下，制造需求正从大规模集成生产转向小批量、定制化、大量服务协作化生产。柔性制造、敏捷制造、Cyber 制造[7]、Social 制造[8]等各类制造模式的出现，推动了工业物联网和信息物理系统技术在制造业的应用。这构造了未来工业 4.0 生态系统，包括：小型化、高度柔性生产单元及各类服务资源组成的制造网络[9]，能独立提供自服务、自感知、自配置的智能物件资源[10]，通过智能物件服务间的交互[11]、通信来提高服务附加值的智能联网现场设备，个性化的客户需求预测与追踪技术，"客户即生产者"的参与式生产[12]模式等。工业 4.0 生态系统使得人、产品、机器及其他资源作为信息和服务被分享到整个企业生产系统和价值链。人既是数据和服务的使用者也是提供者，信息和服务呈现以人为中心的特征。新的工业环境将直接影响人员及其工作模式，如信息物理系统（cyber physical system，CPS）和数字孪生（digital twin，DT）环境[13,14]下，工程师通过移动终端或穿戴设备，可与来自本地物理设备的、全球的制造资源、设计师、客户等进行交互，满足个性化需求。新的交互模式不仅涉及人与物理设备的交互，还包含人、物理环境、网络环境三者共生系统的互操作[15]。因此，工业物联网的应用需要考虑"以人为中心"和"分布式工业物联网服务"生产系统的理念。而且智能化、自动化的机器人技术及其他先进制造技术将被用来增强和扩大人的感知能力、认知能力和执行范围，而不是无人操作的自动化工厂[16]。总之，智能制造本质是人机一体化，人是智能工业的关键因素。

以人为中心的工业物联网技术将智能移动终端（如手持终端、驾驶车辆、可穿戴设备等）作为人与工业物联网资源（如车间内现场 AGV、堆垛机及其他智能设备等）交互的接口，实现人与物理设备和信息空间数据服务的随时随地交互[17]。人可以智能化地获取周边服务资源，周边智能物件网络可以根据人的行为特征提供前瞻性的服务[18]。人机交互模式由传统的面向物理实体的显式交互转变为面向服务的隐式交互[19,20]。一方面，这种面向服务的智能工业环境，使得传统的金字塔式的分层控制与感知模式[21]的层次关系越来越模糊。制造过程中人周边的工业物联网环境呈现新特征：在设备对设备（device-to-device，D2D）模式下能直接获取现场设备物理数据，在全局化点对点（peer-to-peer，P2P）模式下能进行数据交换和服务访问，数据在物理和信息空间进行交互，人机交互隐式化[22]。另一方面，移动设备是人随身携带的物理计算设备，与周边高度动态的制造环境交互，改善了现场作业的时空限制。移动设备被应用到制造全生命周期的各个环节。使用智能手机内置传感器、可穿戴生产设备、驾驶或操作的车辆等辅助装置隐式感知人的行为，增强了周边智能设备与人交互的能力。隐式交互将由人对设备和系统的操作，拓展至智能手机设备与其他设备的交互。人的移动性、社会化因素给工业物联网服务互操作带来了新的挑战。

1.2　本书的研究目的与意义

以人为中心的工业物联网技术是关系国计民生的重要技术，是提升国家制造业竞争力的迫切需要，对实现"中国制造2025"战略具有重要意义。中国、德国、美国正形成全球工业物联网三强竞技的局势，因此，开展工业物联网的相关研究有助于提升我国在此领域的竞争力。本书开展人与工业物联网服务互操作研究，具有较重要的社会意义，具体如下：

（1）在社会层面，以人为中心的工业物联网技术有利于提高人力资源利用率，提高人机协同的柔性与效率，降低安全保证成本，是工业制造可持续发展的必要因素。截至2016年，我国65岁以上人口数量超过1.5亿[23]，且随着人口老年化日益严重，可用劳动力数量的断崖式减少将会给制造领域带来额外的挑战。特别地，智能工厂中，先进的工业物联网技术可以提高老人、残疾人和非技术专家的感知与执行能力，如可穿戴设备、体感网（BSN）、移动终端等。工业物联网技术能辅助一线工作人员适应工业4.0变革，且将退休专家的知识经验加入并留在工业劳动力市场，提高工业4.0环境中操作人员的工作效率。

（2）在安全生产层面，工人与工业物联网环境的集成，能增强工人与工业环境的彼此感知能力，提升生产安全性，降低医疗保健成本。如部署工业物联网可穿戴设备（如Fitbit设备），可以跟踪工人现场的实时生理参数、工作技能和状态，能前瞻性地减少工人安全事故的发生，降低劳动强度，节约健康保险成本。例如智能工厂物流与仓储场景中，工人工作时邻近区域大型钢铁货场货物掉落、立体仓库货架倒塌、运载车辆碰撞等，此类动态安全事故对工人的生命安全构成了威胁，增加了企业健康保险成本。大量联网智能设备应用于智能工厂，借助以人为中心的物联网技术扩展彼此感知与控制范围，工人与货物、设备等安全问题就能被前瞻性地感知并预警，网络及时重新配置工业现场设备的运行状态，从而提升工人生产安全性。因此，研究人与工业物联网环境的互操作关键技术，有助于降低工人在生产活动中的安全风险。

（3）在技术层面，工业物联网人机交互范式在工业4.0中的应用面临新的技术瓶颈，开展人与工业物联网服务隐式交互研究，为工业4.0研究与应用提供一定的支撑和参考。

① 垂直化的工业物联网集成方案无法满足分布式、普适、无所不在的人机

自然交互需求。智能手机、手持终端、驾驶的车辆能感知人的行为和意图,是人与周边工业物联网设备交互的界面,人的移动性与社会性使得人与工业物联网的集成具有时空异构性。而且,工业应用场景下需要将工厂环境异常报警直接传递给现场的工人,而不是通过远端服务器转发。对于与人身安全相关的紧急服务应用,这种直接交互形式更加重要。如智能车间执行器与传感器领域,机器检测到产品异常,直接将异常信息传输给生产线上的上游加工设备或车间搬运机器人,现场工人携带的智能设备收到异常信息,直接下发搬运机器人调度方案,设备之间协同完成异常信息处置,实现人与车间搬运机器人的直接信息交互。传统的工业物联网具有固定拓扑结构,感知的数据通常发送到远端集中的网关或云服务器,并通过服务器进行共享和再组织,这种封闭的架构无法支持 D2D 的人机服务直接交互。因此,研究人与工业物联网服务互操作方案,有利于提升人与工业物联网服务互操作的普适性。

② 人参与工业 4.0 生态系统中的各个环节,并与邻近位置的工业物联网服务直接互操作。人既是服务提供者,又是服务请求者,产生大量动态的需求和服务。人周边的高密度、群集的工业物联网设备,使得人机互操作的时空异构性、社会属性更加突出。随着工业物联网中联网设备数量的急剧增加,群集工业物联网服务在重配置、调度、操作、前瞻响应等方面会产生服务拥塞问题。人需求的多样性、工业物联网服务重用性、交互需求动态不确定性带来服务选择的技术瓶颈。因此,开发一种考虑人的移动性、工业生产工序的服务获取方法,有利于提升工业物联网资源配置能力,增强人与工业物联网环境互操作的均衡性。

③ 人与邻近位置的工业物联网服务互操作,要求人机 D2D 的无线通信。人既是无线通信网络的临时基站,又是无线网络终端设备。人(以及人携带的移动设备、穿戴设备、驾驶的车辆、操作的 AGV 等)与周边群集工业物联网设备的无线连接具有移动性、临时性等特征,造成设备无线探测的盲目性、无线连接链路的脆弱性现象,导致无线通信的能量、带宽浪费。人对周边设备个性化选择的社会化特征,给无线通信路由鲁棒性带来影响。人的移动性、社会性带来 D2D 无线通信技术瓶颈。因此,研究隐式社会关系下人机互操作的设备连接策略,有利于提高无线通信能效。

1.3 本书的主要研究内容

本书将探索以人为中心的工业物联网隐式互操作关键技术,主要研究内容如图 1-2 所示。研究工作主要从四个方面展开:人与工业物联网服务集成与互

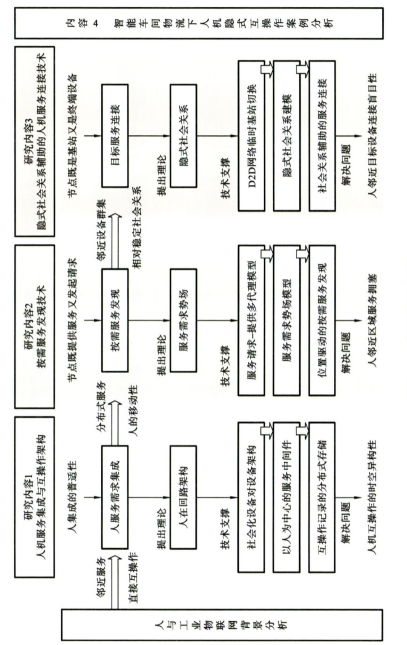

图1-2 本书主要研究内容

操作架构、人机服务需求人工势场建模与按需服务发现技术、隐式社会关系辅助的人机服务连接优化策略、智能车间物流下人机隐式互操作案例。

（1）人与工业物联网服务集成与互操作架构。

工业物联网设备集成正从"垂直"集中式向"扁平"分布式发展，现有集中式工业物联网架构无法适应人的集成特征：一方面，高密度、群集、分布式的人与工业物联网服务受特定工业流程约束，具有社会化联系；另一方面，人与工业物联网节点的服务请求与提供具有高度的移动性、流动性。因此，一是针对人与工业物联网服务封装与互操作的时空异构性问题，引入智能物件中间件（middleware，MW）技术，提出一种人机互操作模型及以人为中心的工业物联网架构，支持按人需求配置周边工业物联网服务；二是通过分析人与工业物联网服务互操作的触发要素，考虑人的集成对工业物联网设备组织关系的影响，引入机器社会化网络（machine social networks，MSN）理论，构建一种人与设备的服务交互驱动模型，解决人与工业物联网服务的动态集成与服务封装问题；三是针对人机交互的普适感知场景中，智能物件计算能力、存储资源受限，智能物件追踪与数据存储需要轻量化设计这一情况，引入扩展 EPCglobal 协议，提出一种人机交互记录分布式存储技术。

（2）人机服务需求人工势场建模与按需服务发现技术。

人与工业物联网设备互操作产生流动性、时空异构的分布式服务请求，且特定工业应用场景中固有的设备或服务布局不均，引起人周边工业物联网服务拥塞或不足，导致人机互操作中服务获取的不均衡性问题。首先，基于上述人与工业物联网服务互操作架构与互操作技术，一是分析人与工业物联网服务交互系统，构建一种需求与服务映射的模型；二是考虑人机 D2D 互操作的无线通信距离约束，扩展多代理系统（multi-agent system，MS）模型，引入人工势场（artificial potential field，APF）理论，构建一种服务多代理网络的需求势场模型；三是考虑人机请求-服务代理的内部组织关系约束，引入代理物理和社会化网络，提出一种弗洛伊德（Floyd）多源点最短距离的节点内部代理筛选方案，并设计一种位置触发的按需服务发现方法。然后，针对群集分布式工业物联网服务选择的拥塞问题，设计智能车间物流案例仿真实验，评估所提的按需服务发现算法的能耗及均衡性表现。

（3）隐式社会关系辅助的人机服务连接优化策略。

工业 4.0 场景下，人机设备互操作需要高带宽、高可靠性、高速率的无线通信。人邻近服务的高密度部署、人机设备互操作的移动性等引起周边设备群集、无线连接间歇与临时性等现象,造成目标服务载体设备被淹没、发现阶段波束探测帧扫描盲目性问题,从而导致人机互操作中设备间无线连接的通信带宽与能量浪费难题。为了解决这些问题,采取以下策略:首先,基于服务需求势场与按需服务发现技术,考虑人机混杂网络的社会化与 D2D 通信网络的耦合,研究人机混杂无线网络消息传播机理;针对群集 D2D 连接的临时性、间歇性问题,考虑人与工业物联网设备互操作产生的隐式社会关系及相对稳定性,引入图论(graph theory)与马尔可夫链路(Markov chain)探测模型,设计一种随机接触算法,探测某一时间段内的 D2D 链路;基于所探测的社会关系连接,考虑设备倾向与个体服务节点的社会化影响力,研究隐式社会关系辅助的目标服务连接算法。该服务连接算法分两个阶段来实现:第一阶段,根据人的交互倾向选择有限个周边设备作为种子节点;第二阶段,种子与其周边连接的富余群集节点进行社会化网络的传播。然后,针对目标服务无线连接阶段的群集干扰问题,设计智能车间物流案例仿真实验,评估所提的隐式社会关系辅助的目标服务连接策略的能耗表现。

(4)智能车间物流下人机隐式互操作案例。

针对工业物联网隐式人机互操作仿真平台匮乏的实际现状,考虑人机互操作中服务代理接触的临时性、移动性、社会性等特征,引入 theONE 仿真开源架构与 Mason 多代理模型,构建 D2D 网络动态生成器、物理移动模型与事件触发器,设计了工业物联网人机互操作仿真原型系统;分析了智能车间物流中人机异常信息隐式传播模式,并通过人与 AGV 协同搬运仿真案例验证所提理论方法的性能。

1.4 本书的主要创新点

针对智慧物流服务环境中人的移动性、社会性动态集成导致的邻近服务拥塞、设备群集问题,分别从人机服务集成及互操作架构、人机互操作中按需服务发现技术、人机互操作中按需服务连接技术等展开研究,并通过仿真案例对理论进行了验证。

在人机服务集成方面,提出了一种社会化设备对设备工业物联网架构,并设计了一种人机服务集成与封装技术;基于此,开发了人机互操作记录的分布式存储技术,同时通过智能车间物流人机协同搬运案例对所提人机互操作架构的可信性进行了验证。在人机服务发现方面,构建了一种地理位置约束的多代理系统,并构建了一种以用户需求为中心的人工势场模型;基于此,开发了位置驱动的按需服务筛选(LOSE)算法,同时通过智能车间物流人机协同搬运案例对所提方法的服务拥塞效果进行了验证。在人机服务连接方面,设计了一种人机隐式社会关系建模方法,并开发了一种隐式社会关系辅助的服务连接(ISTSC)算法,同时通过合成数据和真实数据集的仿真实验对所提算法的网络能效进行了分析。最后,设计了智能车间物流的人机联合作业生产调度案例,对上述三个方面的理论进行了仿真验证。

本书的主要创新点如下:

(1) 针对人与工业物联网服务集成的移动性、社会性等普适互操作问题,提出一种基于服务中间件的社会化 D2D 人机互操作架构,支持人机设备端的轻量化服务封装、标识、属性关联。与其他 D2D 物联网架构研究相比,本书研究的改进之处在于:传统的制造资源虚拟化与服务封装在中心化的云端实现,而本书所提的人机服务封装均面向工业物联网节点设备;传统的物联网中间件仅作为单一的服务提供者或者请求者,而本书的人机服务封装中间件既能提供服务又能发起请求,支持 D2D 服务直接互操作,并且人机设备在无线路由中既是终端节点又可提供无线基站功能;已有的制造业物品标识协议 EPCglobal 需要中心化名称服务器且缺乏设备控制选项,而本书所提的服务直接引用与记录技术支持本地分布式终端设备互操作场景。智能车间物流搬运案例分析证明了本书所提架构的可行性。

(2) 针对人机互操作中服务发现阶段,个体设备的移动性、需求与服务流动性带来的邻近服务拥塞和不足问题,构建一种以需求为中心的人工需求势场模型,并提出一种位置触发的按需服务获取算法。与其他分布式物联网均衡性研究相比,本书研究的改进之处在于:已有的物联网人工势场模型为全局的服务、节点路径或网络性能优化的对等模型,而本书所提模型以个体设备无线网络覆盖范围内的请求为中心,且服务选择合力考虑了多势场耦合情形;已有的物联网人工势场仅考虑了实际的物理节点外部的通信拥塞问题,而本书所提算法考虑了 D2D 物理节点需求势场与节点内部服务代理社区选择,从而在服务节点外部和内部选择机制方面,提升服务节点发现的均衡性。智能车间物流案例仿真实验表明,本书所提的按需服务发现模型及算法具有较好的均衡性,与定向扩散 DD 方案、传统 APF 方案相比较,本书算法整体的均衡性优势明显。

(3) 针对人机互操作中服务连接阶段,目标设备连接过载与无线探测盲目性的问题,构建一种基于移动接触概率的隐式社会关系模型,并提出一种隐式社会关系辅助的按需服务连接算法。与其他 D2D 对等体发现及网络消息传递方法相比,本书研究的改进之处在于:已有的物联网 D2D 网络消息传播算法是在全局已知或静态部署的设备连接关系基础上进行拓扑探索的,而本书基于非预设、临时动态的局部个体设备移动接触记录,构建隐式社会关系,同时提出以移动接触连接概率作为人机混杂网络图边集的社会关系评价指标,提出考虑个体综合社会化影响力和人参与程度的人机交互消息传递方法。通过公开的真实数据集和智能车间物流场景合成数据进行性能分析,结果表明本书所提隐式社会关系辅助网络路由方法具有较好的节能优势,与传统 D2D 方案相比,最高目标服务发现率可提升 7%,服务连接率可提升 40%。

第 2 章
人与工业物联网服务互操作相关理论

2.1 人机互操作的服务集成

2.1.1 以人为中心的智能工厂特征

工业 4.0 是先进制造与工业物联网技术相结合所形成的新智能化制造体系[24]。与传统工业技术相比,工业 4.0 利用工业物联网技术,建立人、机器、物料之间的连接,实现人、机、物之间的相互操作及其智能工业应用[25]。工业 4.0 利用信息空间虚拟生产与物理生产相结合方式,提高生产效率,缩短产品上市时间,提升生产柔性;工业系统中的智能设备、传感器、执行器、移动机器人等能快速地再配置,根据生产复杂事件检测及行为异常,能独立或者联盟响应人的需求;工厂感知与控制系统架构从传统的集中式向分布式转变[26]。人机一体化生产制造是智能工厂的核心之一。智能工厂是工业物联网最核心、智能程度最高的应用场景之一,工业物联网是连接真实物理世界的工业设备与其数字化代理的网络[27]。在可预见的未来智能工厂里,人、现场设备、机器人、物料和各类生产物流资源构成分布式的交互网络;生产线上智能产品能够感知并理解各个加工与运输流程,能分享自身的服务参数,前瞻性地感知下一个流程或工序位置。云辅助下的工作流程与生产任务组合,能将工人、设计人员、客户个性需求连接起来,实现人在各个环节的灵活集成,并在各个环节获得需求满足。

已有智能工厂研究较多关注设备自动化[28-30],较少涉及人的因素,没有考虑实际服务的操作者。与现有的工业物联网架构相比,以人为中心的智能工厂架构具有动态集成、分布式点对点通信、扁平化直接交互的特征。

(1) 动态集成。人的需求随位置、时间动态变化,造成人周边服务的频繁集成与再配置。如何在异构的服务实体间交换服务而不需要人手动配置呢?需要以人为中心的物联网架构通过一个通用的服务模型来实现具有时空特征的服务动态集成。

(2) 分布式点对点通信。人的需求具有机会性,需要通过人周边智能物件提供服务来满足。这些服务由单个智能物件或者一组智能物件的联盟提供。需要考虑智能物件之间的通信方式,即如何自由组合/分离智能物件,实现一个规模可自由扩大或缩小的智能物件联盟服务网络。

(3) 扁平化直接交互。智能手机或者移动终端作为人与物联网系统交互的界面,是人与物联网直接、自然交互的硬件载体。在工业物联网环境下,人机服务具有分布式群集、高频率交互的特点,但智能手机/移动终端的能力(如计算能力、存储能力等)受限。因此,如何避免服务群集与降低交互的复杂度成为以人为中心的物联网体系架构需要考虑的问题之一。

2.1.2 人与工业物联网环境集成理论

1. 人与工业自动化系统集成技术

人的需求和干预因素逐渐被加入工业执行系统,如认知自动化[31]、人与机器人协同[32]、人-自动化系统[33]等。在人与制造系统集成接口方面,文献[34]利用分布式多代理决策系统方法辅助人员改进生产系统,解决人机接口的自适应问题。在人与控制系统融合方面,文献[35]考虑人的响应与决策信息,设计了一种工业制造系统软件与硬件的自动调整策略,使用强化学习(reinforcement learning,RL)方法获得一般性的调整策略,从而通过人的选择与决策活动提高制造系统的升级速度。在人机隐式交互的知识图谱方面,与完全依靠数据驱动的方法不同,文献[36]使用语义上下文映射的方法处理人的知识数据。在工业 4.0 信息物理系统下,高度柔性和定制化制造模式需求的增长,使得传统的自动化设备和生产方式不能应对当前变化。在海量智能物件接入智能工业的场景下,工业物联网设备出现了一些新特征:自主性、反馈与响应机制、主动性[37]。人与自治的智能设备交互面临新的技术挑战,如智能设备与人之间动态连接关系、D2D 网络通信等。随着自然、隐式的人机交互技术[38]和机器学习技术[39]在智能制造领域的应用,未来柔性和主动式制造系统中集成人的行为和知识将成为研究热点之一。

2. 人的行为感知技术

在工业 4.0 的物流领域中,无线传感器网络、RFID(射频识别)、移动感知等物联网技术使得无所不在的商品信息分享成为可能。在该场景下,工人、物流人员、消费者的行为和生理状态成为工业物联网重点捕获的信息[40,41]。文献[42]从无线体感网安全性的角度,提出了一种无线脑机接口方案,以实现人在回路(human-in-the-loop，HitL)模式下人与设备服务自然集成。文献[43]研究了以人为中心的物联网中可穿戴设备及其指令驱动的环境远程控制,并从数据完整性、真实性、隐私的角度,提出了可穿戴设备的攻击应对策略。上述研究为人与工业物联网环境互操作技术的实现奠定了基础,人机互操作技术在工业物联网环境下面临一些挑战,如普适人机互操作中的服务拥塞与群集问题有待进一步探索。

2.1.3 以人为中心的工业物联网架构相关研究

关于以人为中心的工业物联网(human-centric industrial internet of things，HIIoT),目前暂无统一的定义。根据文献[44][45],可将 HIIoT 描述为:由用户(人、可穿戴设备、驾驶的交通工具等)所携带的具有感知功能的移动终端、人周边智能传感器及执行器、通信基础设施、信息物理系统对象构成的一个感知与服务网络,如信息空间的机械设备数字孪生、社交网络、生产制造系统中工序约束的物理设备协作网络等。HIIoT 利用节点的移动性来扩大物联网的感知范围,并利用节点移动所带来的移动性、临时性接触构建通信链路。在 HIIoT 中,用户提供的感知数据与其自身的社会属性、物理活动密切相关,人既是物联网感知数据的提供者又是其使用者。智能物件是物联网的节点单元,它将异构的功能、通信能力、传感能力、执行能力进行单元封装,以统一的形式对外提供数据、服务。智能物件之间具有物理和社会化接触能力,能协同完成感知与服务任务[46]。针对以人为中心的物联网体系架构,本小节重点从人机互操作的视角,对面向智能物件、面向智能物件语义、面向智能物件服务的相关文献进行分析。

1. 面向社会化智能物件的封闭架构

已有的基于智能物件的物联网体系架构[47]面向垂直解决设计方案,如 Auto-ID[48]、IoT-A[49]等方案。设备通过集中式云平台连接和共享,在封闭的生态系统中实现人机服务互操作与交互。物联网互操作的单元为智能物件设备,并通过 M2M(machine to machine)网络通信将交互数据、服务功能分享到云端。基于该封闭架构,考虑人的特征,学者针对特定的应用相继提出了以人为中心的传感架构,例如人健康监测[50,51]、人周边环境异常[52,53]、与人活动相关的紧急事件救援[54]等。人携带嵌入式设备收集数据和信息,且数据和服务在云端集中存储与关联。然而,D2D 人机互操作仅在单个特定应用部署的封闭云端系统实现,且服务实现基于传统的操作模式,如窗口、图标、菜单、触屏设备等[55]。

2. 面向智能物件语义的开放架构

为了弥补封闭物联网系统架构的不足,已有学者开展了开放式系统架构研究,以支持自然的人机互操作。文献[56]分析了当前智能物件中间件,总结了大规模开放物联网环境构建的关键技术:自动配置和自服务的智能物件技术。文献[57][58]研究了主动服务与前瞻预测服务能力的物联网架构,通过统一语义协议对异构智能物件进行虚拟化,利用虚拟资源与物理智能物件功能的混合网络,在信息层满足人的需求。人的状态被邻近的智能物件感知和推断,包括情绪、活动、心理信息等。在这些基于语义的架构中,智能物件在物理世界具有普适性和分布式的特征,在网络社区具有高度的互联特征,而且智能物件虚拟节点间的协作受到不同协同策略和特定任务的约束。基于智能物件之间的社会互操作网络,文献[59]研究了社会物联网(social internet of things,SIoT),提出了三层模型,包括传感、网络和应用层。应用层组合和配置智能物件的服务、节点间的社会联系和应用。该方案虽然具有较好的开放性和以人为中心的特征,但未考虑人周边服务的群集性和交互的复杂性,特别是在人机本地直接交互中未考虑设备能力受限的情形。因此,需要进一步考虑开发相应轻量化存储和服务选择优化技术。

3. 面向服务的人与智能物件互操作架构

为了降低交互复杂程度,已有文献研究工业物联网环境中分布式、自服务的智能物件[55]与人的活动因素。一方面,利用体感网设备作为人机界面在周边物联网环境进行服务筛选,选择满足服务的最小资源,如手机、平板、手环等智能物件。文献[60]提出了一种以智能手机为载体的人与物联网环境集成的架构,并提出了面向人的服务中间件系统,该中间件系统包含设备注册表、人际关系信息、活动状态信息、应用程序。文献[18]针对城市应用场景开发了Cameo上下文和社会感知中间件,该中间件运行于智能手机设备终端,支持大规模以人为中心的城市服务与社交网络服务。另一方面,智能物件服务具有自组织、社会化管理、推理等智能功能,能根据人的行为动态配置智能物件服务联盟,满足人的服务需求。OpenThings[61]提出基于语义规则的主动服务平台,通过语义技术描述关于时间和空间的实体,如设备服务、虚拟服务、虚拟环境和应用程序等,且实体通过预设的语义规则主动对人提供服务。这些研究为人与工业物联网环境的双向服务互操作提供了技术支持。

为了实现上述两类互操作技术的融合,以统一中间件的形式构建人机服务,探索在工业物联网智能物件服务中增添人的因素,如社会化连接、时空、活动、事件触发等,以提升人机互操作的宜人性。

2.2 人机互操作的服务发现

2.2.1 人与工业物联网环境隐式服务交互理论

隐式人机交互技术是一种人与周边普适性无线传感器网络环境进行无缝、自然交互的技术[19]。人与工业物联网环境的交互具有隐式交互的特征。

特征一:具备感知用户、感知自身运行状况、感知周边其他智能物件的能力[62]。人成为物理通信网络与社会网络(如知识库管理网络、生产关系网络、员工管理网络等)的连接节点,人与智能物件服务交互活动增强了智能物件网络的社会属性[47]。

特征二:人或设备能处理自身嵌入式设备连接的传感器数据、移动隐式认证[63],能自组织周边服务连接并理解对应的知识库信息。

特征三:信息或数据获取以任务或者应用服务组合的形式提供,智能设备之间通过松散耦合过程柔性地提供服务[64]。

其中,特征一与特征二是基于智能物件技术的以人为中心的物联网的默认特征,特征三是区别于传统基于 XML 上下文信息组织的特征。有关人与工业物联网环境的集成研究表明,工业 4.0 环境中人机互操作不仅包括人与机器人的物理协作,而且包括通过人机信息物理系统,在物理空间和信息空间进行自适应、前瞻性的人机服务双向互操作。因此,隐式人机交互技术是工业 4.0 环境下人机互操作的关键技术之一。

在国内,清华大学徐光祐等研究了普适计算环境下基于觉察的动态上下文感知的隐式交互,提出了信息物理系统"时空流"信息交互形式,将传统的基于固定设备和环境的人机交互扩展至随时随地的日常物品与环境接口间的交互[65]。针对动态的环境上下文感知,王国建等提出动态环境下服务共享机制,实现视觉感知系统对隐式交互的支持[66]。王巍等总结了隐式人机交互的研究现状,指出在物联网环境与普适计算模式下,移动设备传感器感知与可穿戴设备体感网技术是隐式交互研究的关键技术[67]。针对传统 WIMP(window, icon, menu, pointing device)界面复杂、人机交互难以适应问题,马翠霞等研究了云制造环境下的隐式人机交互,通过笔画操作智能终端与虚拟化、服务化制造资源的交互,提高企业移动制造效率[68]。这种面向设备或系统的隐式交互基于垂直、封闭的人周边环境,数据来自人周边测量环境,信息来自特定应用的云端虚拟服务器的集中查询和分发。但是，人进入新的环境中，需要重新配置参数（或设备）以与周边设备相连接，并需要从企业或者云服务器获得授权。面向分布式企业层级的自治系统服务，张祖国提出了社会化智能代理的制造体系架构，利用该架构无须开发新的软件系统就可以实现企业制造资源的动态组合，同时它还支持人（自由职业者）与企业的制造分包服务动态耦合[69]。这些研究为无所不在的普适性感知奠定了理论基础。在以人为中心的工业物联网环境中，面对设备高度密集分布、随时随地服务本地直接交互的新特征，需要对隐式交互展开进一步探索。

在国外，Albrecht Schmidt 首次定义了隐式交互，并基于 XML 对上下文感知建模进行了论证——人不需要直接操作机器，机器系统根据人的意图提供服务[20]。Jaroslaw Domaszewicz 等人针对传感器-执行器上下文推断不准问题，提出了智能物件主动提示机制，在人周边提示可选选项或给出暗示，简单交互做出选择[70]。在智能手机与智能物件隐式交互方面，Stefan Schneegass 等人研究指出智能手机与可穿戴设备的体感网相结合是隐式交互的有效工具，以更接近人的身体的方式采集生理参数、推测人的意图，并分析了当前移动隐式交互中的可穿戴设备[71]。在物联网隐式交互方面，文献[72]探索了物联网智能物件在没有提示的情况下感知人的活动，作为桥梁连接不同的人，并创建安全可信的新的人际连接，增强人的社会关系网络连接。这些针对工业 4.0 环境中人与自组织智能物件交互的研究，为人机混杂环境下的隐式交互研究奠定了基础。

2.2.2 人机互操作的服务拥塞问题相关研究

1. 工业物联网服务本地直接发现

群集设备的动态重配置、调度、操作、安全事件处置等任务对工人响应的实时性带来巨大挑战。这类实时性通常采用 M2M 的方式，即周边传感器数据集操作信息直接发送给工人的手持设备，而不是传输给集中的固定网关或者私有云。数据或信息将触发相关联的服务直接交互，且工人的需求信息直接触发周边设备执行，如车间环境异常状态报警、定制加工中紧急停机等。工人在周边环境与智能物件的交互信息，直接传递给目标设备，直接触发目标设备做出动作和响应。这种服务交互称为 D2D 工业物联网服务互操作。

而且，工业 4.0 环境中有些业务具有"用户需求就近满足"的特点，移动用户需要附近区域相关的各类信息。用户希望了解车间的装配任务信息、装配运输过程的状态信息；在智能搬运业务中，用户需要知道所在车间 AGV 的位置和空闲运载能力信息；在立库仓储巡检环境中，巡检工人仅需要知道当前仓库货架零部件存放的具体信息。例如在智能车间执行器与传感器领域,机器检测到产品异常,直接将异常信息传输给生产线上的上游加工设备或下游装配设备,实现人与搬运机器人(或者驾驶的叉车、机械手臂等)的直接信息交互。紧急情况下,这种直接交互和信息传递更加重要。例如:在智能工厂场景中,工厂环境异常的报警信息直接传输给车间现场的工人,而不是通过远端服务器转发;针对车间物流智能搬运机器人 AGV 的搬运业务,每个 AGV 都安装传感器,现场工人或管理人员通过手机 App 调度 AGV,使用零部件搬运、在制品出入库、异常信息反馈等应用;利用移动用户对本地化信息的需求,把接入点覆盖区域内的大量本地信息分布式存储在本地设备中,并在本地实时进行优化和计算,完成用户请求的任务;工人佩戴生理参数监测装置与 RFID 读卡器,随时感应身体状况与装配信息,及时处理紧急事件。用户终端应用只需在本地处理,不必连接云计算中心进行数据通信,缩短执行时延,从而提高应用系统的响应速度,节约网络带宽。

2. 人机服务多代理系统与服务发现拥塞问题研究

工业制造场景中的服务封装已经通过各类工业物联网技术实现,随着接入的智能设备服务越来越多,未来工业 4.0 场景中人邻近区域将出现分布式服务节点群集。当用户发起服务请求时,周边提供该服务的节点同时响应,会产生大量请求转发任务,导致服务拥塞,给人机互操作能效带来挑战。这类问题已有学者开始关注。WANG 等[73]考虑到工业 4.0 场景中高度互联、动态配置、海量数据和深度集成的特征,提出了一种面向集中云平台的智能工厂资源节点间的交互与博弈策略。

多代理系统是分布式智能工厂制造环境中分布式动态生产场景建模的常用技术,可有效用于构建自组织系统,提升离散和连续制造的可扩展性、鲁棒性、实时性[74]。因此,相继有学者针对分布式服务的拥塞问题,使用多代理系统技术构建服务交互模型。LENDERS 等人[75]借鉴电场理论提出了一种针对分布式服务网络的人工服务势场模型。通过构建服务节点的请求代理与提供代理之间的合力,选择合力最大的节点作为目标节点。该方法能有效提升服务交互中的均衡性,如图 2-1 所示。然而,该方法以服务为中心,且服务节点位置部署与连接关系处于静态,未考虑人的因素,不适合人或移动机器人参与的工业物联网场景。

在基于多代理系统的工业物联网环境中,人与邻近环境互操作通过代理消息传递实现目标节点发现,分布式服务多代理系统的交互问题属于一类 D2D

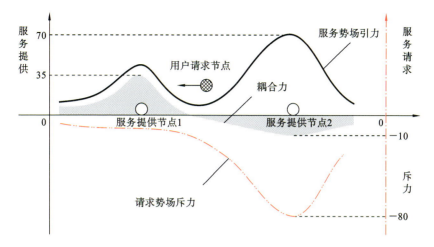

图 2-1　服务节点人工服务势场——请求代理与提供代理耦合示意图

对等网络消息传递问题。目前对该类问题已有广泛的研究。泛洪(flooding)方法是经典的分布式点对点探测方法,该方法中源节点(物理通信节点或信息空间虚拟节点)将消息副本发送给邻近的所有节点(简称邻居节点①),邻居节点收到副本后,以相同的方式向其邻居节点传递消息,直到消息传递至所有节点或节点寿命结束[76]。该方法具有较高的稳定性,能避免消息传递死循环,但消息传递效率较低。以人为中心的物联网节点具有移动性和社会属性,考虑节点间的固有连接关系,节点消息传递具有社区属性,且节点传输方式具有延迟容忍网络的特点,如智能车间设备的工序连接关系、人员的任务流程上下游关系等。MUSOLESI 等人[77]研究了存储-传输-转发模式下的节点发现算法,提出了一种基于社会网络理论的移动模型。该模型根据节点间的社会关系连接,将节点划分到分布在不同区域的社区,并计算不同社区对每个节点的吸引力。CHA 等人[78]的研究表明移动社会网络将产生大量的数据,但是只有少量的参与者能接收全部数据,参与者根据自身行为与兴趣,产生并积累各类数据。这种网络具有动态、分布式特点,重新定义了传统的内容分发机制。

上述研究成果为以人为中心的服务代理选择与发现提供了技术支撑,考虑工业物联网环境服务节点的移动性和社会属性,人机互操作的服务节点发现方法有待进一步研究。

---

① 邻居节点是指无线通信网络或者拓扑结构图中,与某个节点有边直接相连的其他节点。

2.3 人机互操作的服务连接

2.3.1 人与工业物联网设备连接特征

工业4.0环境下,联网的智能设备具有独立对外服务和通信能力,设备之间柔性自组织、直接协同传递信息,且这类技术需求与应用日益受到关注,如智能工厂工人安全预警、车间智能设备间的协同作业、大规模联网车辆的物流配送应用等。工业物联网应用需要在设备与设备之间直接交换数据和服务,或以一组设备协同的方式向中心化的云服务器传输数据。D2D通信协议能有效地提升和拓展物联网应用的数据传输能力[79]。然而,以人为中心的物联网环境中D2D通信的固有特性对传统路由协议提出了许多挑战。以人为中心的工业物联网环境下D2D通信与消息传播的特性表现在以下方面:

(1) 人与设备的移动性、社会性。人与设备的移动性、社会性会造成隐式D2D连接关系。设备移动模式的不确定性和网络结构的临时性,使人与设备之间的交互产生非预设的联系[80]。这种新的隐式网络关系对设备之间的物理交互必然产生影响。工业物联网环境下,特别是智能车间物流等环境,物联网固定设备和移动设备混杂共存。移动设备在移动过程中机会性地断开或连接网络,造成设备服务间歇性、服务组合临时性、D2D网络拓扑的不可预测性。

(2) 人的节点优先级。工业物联网环境下可穿戴设备被广泛应用到人员安全监测、人的指令识别、人对机器的操作等领域,以获取用户/工人的选择偏好、移动模式、控制权限、安全与应急处理等方面的行为参数。人选择的优先等级直接影响路由选择的优先级。已有D2D网络中的路由算法基于完全对等的理想条件,没有考虑节点主次差别对消息传递的影响。

(3) 设备的异构性。工业物联网场景中,根据功能和应用的不同,D2D的组合具有差异,如高计算能力的智能手机、移动终端、AGV、堆垛机等高等级的移动设备,独立的温湿度传感器、有害气体检测传感器、工人识别手环、射频识别标签等低等级的装置。这些场景中的设备具有部署方式的动态和静态之分,也有计算能力高低的等级差别。

(4) 设备共存与协作。面对上述混杂的工业物联网环境,D2D网络对单个设备的柔性通信与服务匹配的开放性提出了更高的要求。这种设备对(devices pairs)能够实现与任何其他设备协同工作、在任何时间与其他设备互联和通信、与异构设备共存和组合提供服务。

(5)设备资源受限。工业物联网环境下从单个物料、半成品、独立运行的搬运设备到大型的运输装置均能独立工作,但都受电池、存储能力和计算能力等的限制。尽管电子器件的发展提高和增加了设备的服务能力和时长,但对于高频、群集环境下的无线通信与计算能力要求,设备资源仍然是各类优化算法的约束因素。

(6)不同的网络协议和标准。工业物联网设备来自不同的供应商,且不同应用场景下设备的无线通信技术不同。

(7)资源配置自组织与服务自主性。工业物联网中大多数D2D网络将自动配置、自组织,其服务柔性也为自主组合。这将导致物联网设备面临新的挑战,如处理干扰问题、不同网络协议的转换及端对端的服务交换。

(8)多跳通信。工业物联网设备大多数具有低功率无线发射机和接收装置,被高密度地部署在生产的各个环节,如物料追踪的无线标签、立体仓库高密度堆码的智能商品及无线标签。短距离无线通信成为工业物联网场景中D2D通信的重要特征之一,单跳基站的无线容量无法处理群集的无线请求,不满足高频的数据交换需求。因此,多跳路由成为工业物联网场景中的重要技术特征。

由于工业物联网中连接的智能设备数量大、群集、部署密度高,智能设备产生的业务数据量和高频数据交换直接影响D2D网络的可靠性、连通性和数据传输速率[81]。针对该问题,通常的解决方案是购买通信服务和添置网络硬件来增加网络容量,但该方法将直接导致运营成本增加。路由算法用来实现两个设备之间的端到端的通信,被认为是解决该问题最合理和最经济的解决方案[82]。因此,人机混杂的工业物联网对传统的无线D2D设备连接方法带来挑战,需要研究新的D2D网络算法,它能根据用户需要选择合适的转发节点,实现人机互操作中目标设备的连接。

2.3.2 工业物联网设备对设备无线连接理论

设备对设备无线通信技术正迅速成为第五代无线网络通信的关键技术之一,且逐渐在智能工厂领域应用。D2D网络能够利用无线设备自身空闲的无线频谱来传输信息,能提升本地的通信质量,减轻蜂窝或无线网关的负载,减少移动设备的能耗,提升网络结构的鲁棒性[83]。为支持物联网本地服务的应用,D2D网络作为工业物联网的重要组成部分,能实现设备与设备之间直接通信,从而在底层通信层级提升物联网层级服务性能[84,85]。物联网中存在各种类型的无线通信方式,包含D2D、设备对人的无线连接。其中,人通过携带移动设备及可穿戴设备构成体感网与周边设备交互,通过干预、触发、决策等过程获取信息及提供信息,人及其所携带的设备可被看作一类特别的移动 D2D 网络节点[86]。D2D 通信在不同的应用场景下受人的干预程度不同,且无线通信不受网络异构性的影响[87]。

D2D 网络是工业物联网的重要组成部分,已经受到广泛的关注。认知无线电技术是在授权频谱带上实现 ad hoc 自组织网络的技术方案之一[88]。在非专门用于通信的情况下,重复使用认知无线电的未被占用的频谱,实现授权频谱的动态重用[89]。射频管理者会定期检查当前频谱的占用状态,如果频谱空闲,则机会性地利用这种频谱进行传输。一旦当前设备准备利用该频谱,频谱管理者将切换使用另一个空闲频谱。非授权频段的 D2D 通信协议技术已较为成熟,具有 IEEE 802.11 标准的短距离无线 ad hoc 模式,如 Wi-Fi 直接连接模式、Bluetooth、ZigBee、超宽带技术、RFID 和近场通信 NFC 等。这些成熟的无线通信协议能实现移动设备之间的 D2D 连接,且链路发现与认证由设备自身管理。在链路发现的过程中,设备需要消耗大量的能量进行连续的频谱扫描和数据传输,且干扰管理问题导致非授权频谱的 D2D 连接的稳定性受到挑战[90]。此外,在工业应用场景中大量存在基于 WSN 的分布式传感器和执行器的点对点连接,如车间有害气体探测装置与报警器直接无线配对等。非授权频谱 D2D 通信网络部署便捷且网络拓扑具有一定柔性,因此该方法适用于工业物联网生态中的各类场景,如智能工厂传感器、固定制造现场设备、移动的 AGV 等的连接。

2.3.3　隐式社会关系辅助的设备连接策略相关研究

人机混杂的智能工厂环境中,工人、AGV、移动工业机器人、物料容器等移动元素携带无线通信节点,在真实物理 D2D 网络空间和预设社会化设备网络中移动,动态地产生了非预设的隐含的约束关系,提高和增强了通信网络的连接能力与安全性。人机混杂的智能工厂环境具有分布式、动态性等特征,且这种设备对设备节点的动态性使得人们可通过复杂网络挖掘其隐含的连接关系[91]。这种由设备个体间交互行为创造的隐含关系定义为人机混杂的隐式社会关系。已有研究借助社会关系辅助物理通信网络中目标设备节点的筛选与连接。

关于将社会属性引入物联网领域的研究与应用已经被广泛关注,以便解决无线网络中的通信问题。将社会化网络的属性(中心度、信任关系、激励等)引入 D2D 通信的研究也越来越受到关注[92]。文献[93]引入社会化社区和中心度的社会属性,以解决蜂窝 D2D 网络通信中的对等体发现问题。在机会接触方面,文献[94]分别使用历史接触信息、离线社会网络和在线社会网络来提高蜂窝 D2D 网络通信流量。文献[95]提出了基于社区的移动社会化网络源节点选择算法。在分布式和自主性方面,文献[96]研究云辅助下的移动 D2D 网络访问控制机制,为用户提供移动应用服务,提出了一种资源博弈优化方法。该方法仅适用于延迟容忍的应用环境,而无法满足工业物联网的 D2D 应用,如火灾报警、工人安全、实时制造系统等。文献[97]针对无线 D2D 多文件共享的实时性问题,提出了一种基于图论的社会感知算法。该方法借助用户的社会关系和贡献度来建立蜂窝基站 D2D 链路,实现高效的多文件传播。在自主联盟 D2D 通信基础上,文献[98]考虑社会信任和社会互惠因素,进一步扩展了协同 D2D 通信中的中继节点的选择方法。面向数据传播或转发更复杂的场景,特别是面对节点或用户的机会性移动性接触、临时性社会关系网络,节点离开将破坏联盟并影响中继环的协作。与上述研究不同,本书引入节点个性行为属性(如偏好、人与设备的优先级差异)对中继选择的影响,研究隐式社会关系辅助 D2D 网络通信中节点选择与消息传递问题。

2.4 存在的问题及研究方向

2.4.1 人机互操作的服务封装与互操作技术

智能手机与智能物件技术在工业领域部署,加速了人在工业物联网环境中的集成[99,100]。基于工业物联网服务的松散耦合,人机设备独立或以联盟的形式提供服务,用户按需获取邻近区域的服务。用户服务获取形式,由云端服务器或者网关集中处理转变为本地邻域人机直接交互。用户体感网装置(移动终端、可穿戴设备、驾驶车辆)直接与周边工业物联网设备进行服务交互与数据分享。而用户交互形式,由显式人机交互向隐式人机交互转变[101]。传统的智能手机、平板电脑显示器或者图标操作,转变为基于个体服务需求的普适人机交互(ubiquitous human-IoT interactions)。人与海量群集的分布式工业物联网服务间的集成具有移动性、社会性,对已有的垂直型人机互操作与交互架构带来挑战。

以人为中心的工业物联网技术为人与工业物联网环境的集成提供了解决方案,将智能手机作为人与环境交互的代理[102,103]:通过摆渡中间件方案,屏蔽移动节点通信的临时性与异构性,将物理世界中人与周边传感器数据分享到社交网络。但上述集成方案基于中心服务器端的垂直架构,采集的数据必须集中存储到云端服务器,且传感节点的信息访问链路均需要云端集中处理与路由。这种方式不能满足工业4.0环境下人机邻近服务交互的普适性、柔性需求。因此,人如何与群集、开放、分布式、高度异构的工业物联网服务环境集成、互操作是一个挑战。

2.4.2 人机互操作的服务拥塞问题

以人为中心的物联网技术构建了分布式人机服务环境,人与周边服务节点的交互过程面临服务拥塞问题。人机位置的移动性,造成服务在地理位置上分布不均匀。服务节点通过自组织和社区联系,导致某用户感兴趣区域可能同时存在同类型服务的物理与虚拟服务节点,产生群集现象,该服务社区内的群集服务节点如何进行筛选? 在用户感兴趣的区域发起一个服务请求,符合要求且同时响应的虚拟和物理服务节点群集,导致用户的服务请求获得大量的响应与连接,造成服务提供节点拥塞问题。如何通过用户与邻近服务节点的位置距离、工业物联网设备预设的社区关系发现目标服务节点呢?

针对类似问题,已有研究使用多代理系统对分布式工业物联网环境进行建模,将服务交互问题转化为请求代理与提供代理的交互问题,设计服务节点智能决策与协同系统[74]。越来越多的研究借助人工势场理论对具有物理位置属性的工业物联网场景建模,且已有研究使用人工势场理论解决服务选择拥塞问题[75]。但该方法均基于静态的网络拓扑结构,且未考虑服务节点固有的社会关系。人与工业物联网环境的互操作具有移动性、生产关系约束性的特性,因此,解决人机互操作服务拥塞问题,需考虑扩展多代理系统的物理属性,构建以需求为中心的势场理论。

2.4.3 人机社会属性对工业物联网服务连接的影响

人机互操作通过筛选机制发现目标服务节点后,进入服务载体设备的无线连接阶段。在该阶段,目标设备处于用户无线覆盖区域,但与用户设备无线连接受同区域中群集的其他无线设备干扰。用户设备连接目标设备前,将消耗大量无线波束探测能量进行盲目、随机扫描。同时,以人为中心的工业物联网D2D环境存在新问题:人(可穿戴设备、手持终端)与其他智能设备的优先级差异,社会化设备之间的连接关系具有临时性、不确定性,高度动态的群集移动设备与固定设备的混杂,等等。这使得盲目扫描阶段的能量浪费问题更加突出。

在D2D无线通信层,人的移动性及社会化关系对设备信息传播机理具有重要影响。本书研究的特色主要体现在两个方面:一是考虑人对周边中继节点的选择具有偏好和优先级,而已有的研究基于完全对等的 D2D 环境,暂无人的优先级论述;二是考虑独立基础设施 D2D 网络中节点个体的社会属性,而已有的研究大多基于蜂窝网络单跳模式且全局地分析节点的社会属性。随着人接入工业物联网数量的增加及参与程度的提高,业务与数据交互程度急剧加深,人对工业物联网 D2D 网络信息传播模式和性能的影响将越来越大,同时工业物联网需为人提供更加精准和智能的前瞻服务。在此趋势下,如何借助人机互操作中的隐式社会关系,辅助在群集设备干扰下目标设备的连接?隐式社会关系辅助的 D2D 消息传播技术将受到关注。

2.5　本章小结

本章对工业物联网中人机互操作相关理论进行了分析,并对与之密切相关的研究进行了综述。针对人机服务集成理论,介绍了以人为中心的智能工厂内涵及人机服务集成框架研究。针对服务发现理论,分析了人机服务隐式互操作内涵及服务拥塞问题研究。针对服务连接理论,分析了人与工业物联网设备连接的特征,并对有关社会关系辅助的设备连接策略的研究现状进行了归纳总结。最后,分析了当前人与工业物联网环境互操作研究中所存在的问题,为后续有针对性地开展人机互操作均衡性与能耗优化研究指明了方向。

第 3 章
人与工业物联网服务集成与互操作架构

3.1 引言

由第 2 章的调研与分析可见,工业物联网服务互操作是高度柔性制造或社会化制造的需求之一。在工业 4.0 环境下,人与工业物联网服务交互急需新的人机互操作架构。工业物联网通过连接工厂设备、操作人员及本地与远程生产资源,构建各种监测和信息物理系统应用,改善工人工作环境,提高生产能力。但当前工业物联网架构设计主要面向制造资源设备和信息物理系统的垂直访问方式,服务和信息基于封闭的特定应用或特定平台[7]。操作人员周边环境状况改变时,个人设备客户端需要安装新的特定应用程序,云端全局云服务器集中控制与分发任务、数据、知识库等,无法灵活处理周边变化的需求和任务。这种以设备为中心的架构缺乏服务动态配置与集成,无法满足高度动态自然交互需求,与人机服务群集的工业物联网服务资源不匹配。

特别地,人的参与具有移动性、社会性,工业物联网节点之间的连接与互操作受人的行为影响[104]。工业物联网呈现出新的特征:人周边设备互操作的群集性,网络拓扑结构多变,连接的临时性。这对传统"金字塔"式集成的工业物联网架构提出了新的挑战。此外,越来越多的工业智能设备内置分布式的轻量化服务器,提供独立的服务,可通过人机互操作实现复杂的柔性制造与定制化生产,如智能工厂物流中移动手持设备、仓储 AGV、传送带、带 RFID 标签的搬运箱等设备。人与设备的服务及其属性信息的封装、表达、互操作等受智能设备轻量化服务器资源的限制。已有工业物联网架构下节点产生的海量动态关系集中记录并存储在云端,这种机制无法满足扁平架构下资源受限的智能设备动态服务互操作记录本地存储的需求。因此,需要一个开放的以人为中心的工业物联网服务体系结构,以支持无处不在的人机互操作。

为此,本章展开了人与工业物联网环境的服务互操作方法研究。首先,根据第 2 章的文献综述与企业需求调研,对人与工业物联网环境的互操作模型进行分析,提出一种社会化 D2D 物联网体系架构;以智能车间物流安全监测应用为例,研究该架构对人机互操作场景的支持。其次,分析人的感知要素与智能设备社会属性,引入服务中间件技术,构建人与设备服务模型及其属性结构,提出人与工业环境服务封装方法。最后,引入 EPCglobal 协议,提出服务互操作记录分布式存储技术。

3.2 以人为中心的工业物联网架构

3.2.1 人与工业物联网环境的互操作模型

通过调研"中国制造 2025"战略首批试点企业[105,106],发现在工业 4.0 时代人们越来越关注以人为中心的物联网交互的新需求。人参与并集成到工业物联网环境中,在智能工业物联网应用的各个环节中扮演不同的角色。在工业物联网环境中,人的各类需求驱动智能制造服务单元动态、柔性组合,对制造系统的整体性能产生影响。工业物联网物理场景中,人是物理系统的调整点,直接对单个系统或者设备进行指令操作;借助参与式感知技术,人被视为传感器或执行器,作为数据来源,参与车间异常识别、报告、预警检测等,负责异常生产中的纠偏或生产进程中断处理等任务。在人与群集智能设备的集成和交互中,工人的技能属性至关重要。未来智能工厂离不开人与工业物联网的融合、人机交互技术的提升、辅助决策方法的改进等。因此,人是智能工业场景的核心之一。

从体系架构的角度分析,人与工业物联网环境的互操作模型如图 3-1(a)所示。人与智能工业环境的集成模型可以分为物理空间群集智能设备的集成和信息空间的虚拟体集成(human-in-the-mesh,HitM)。与已有的制造控制和集成标准 ISA95 参考模型[107]比较,物理空间群集智能设备的集成对应 ISA95 参考模型中的第 1 层、第 2 层,信息空间的虚拟体集成对应 ISA95 参考模型中的第 3 层、第 4 层,如图 3-1(b)所示。

1. 人与工业物联网物理实体的集成角色

在物理环境交互技术中,人与各类智能设备直接交互。人的集成对象及需求包含:车间层级交互形式的多样性(增强现实、手势识别、人偏好的隐式发现)、车间层级的可穿戴设备及体感网、现场无线设备、移动机器人(AGV、叉车)、机械手臂和工具的定位与导航、移动机器人的上下文感知(如角色、位置等)、支持可视化及虚拟化的会诊手段(如共享操作、远程会议、传感器及现场设

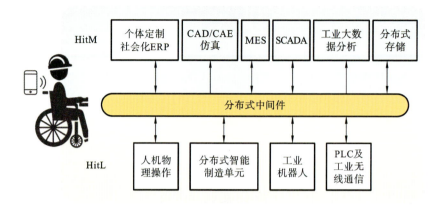

（a）扁平化的人与工业物联网环境的互操作模型

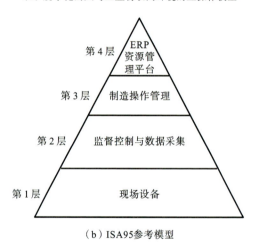

（b）ISA95参考模型

图 3-1　人与工业物联网环境的互操作模型和 ISA95 参考模型

备状态可视化）。在产品管理方法方面，人的集成角色及需求包含：培训、人的任务监测与错误报警、系统意外事件或者行为的报警、基于环境的诊断和报告说明及干预手册、基于上下文感知的人工干预（如备件或工具的维修）。在人力资源管理和组织方面，人的集成与交互需求包含：技能的柔性变化、机器人技术能力、全面提高生产维护中处理和分析问题的能力、同事之间的协同维修会诊、对操作者有价值行为的激励机制等。

2. 人与工业物联网信息对象的集成角色

人在工业物联网信息空间中扮演不同的角色，与智能制造元素及数字孪生体直接交互,如交互式虚拟设计、工业大数据分析、客户-定制化提供者的社交网络平台构建等。特别是在智能工厂车间级场景中,人的集成角色根据场景变化,如人接收安全报警、人对预定计划或输出的干预、人分析并改变生产计划、人创造新的生产经验知识。人的集成与其社会属性密切相关,如社会关系组织、生产组织等因素影响工人参与集成的层级与深度。工人根据生产任务,被分配到不同的工位,承担装配、搬运、维修等任务,在不同的工位与生产系统和周边的设备服务集成,在不同的角色中获取不同的知识库,并动态地与信息空间交互。人与信息空间交互的复杂性、临时性和不确定性,需要利用人的操作属性及知识库进行引导和约束。通过对某制造企业智能仓库与物流的需求调研发现,人与信息空间的交互具有新的需求:人与工业物联网服务交互方面,需要工业物联网系统前瞻性地了解操作者状态(如当前的任务、位置与工人倾向预测),具备移动性与上下文感知(如角色、位置)的支持,能够直观地权衡与选择,由专家支持的决策转变为普通工人支持的决策。

3.2.2 社会化设备对设备工业物联网架构

根据所提的人与智能工业环境互操作模型,人普适性地与物理空间联网机器和信息空间服务对象交互。该扁平化的集成模式下,考虑人机交互过程中产生的社会化关系,提出一种社会化D2D工业物联网架构,如图3-2所示。该架构包含物理资源P2P交互层、分布式D2D服务直接交互层、社会化D2D增强关系层。

1. 物理资源P2P交互层

物理资源P2P交互层包含分布式的基础设施和真实世界人的周边物理环境,如智能现场设备、智能手机、常用的本地或者云端服务器、无线通信网络、设备及人的健康状态、工作环境及危险气体泄漏信息、生产事件及商务会议等。智能物件作为载体,能实现这些物理设备与信息服务混合的资源元素的表达,能感知其自身及周边环境(现场及社交网络)的其他智能物件资源。智能物件仅需要保持与有限邻居智能物件的连接,形成P2P服务交互网络。为了建立物理世界的人机交互模型,智能物件组成的环境包含三类节点:人节点、本地社会化设备节点、云服务器节点。

(1)人节点。

人被定义为一类特殊的智能物体节点,由其携带智能终端和可穿戴设备无线体感网(wireless body sensor networks,WBSN)构成。智能手机是人与工业物联网设备进行物理交互的界面,能收集人的属性及需求倾向数据,按需获取

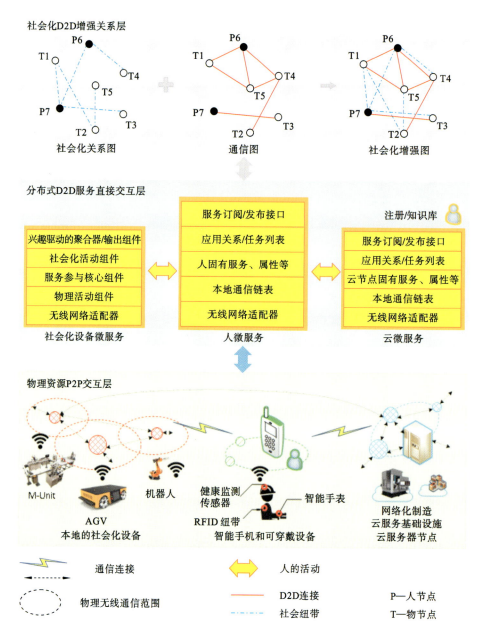

图 3-2　面向服务的社会化 D2D 工业物联网架构

邻近区域的联网设备服务,降低群集资源交互的复杂性。

(2) 本地社会化设备节点。

本地社会化设备节点是指人邻近区域的本地智能物件和工业物联网设备

资源,具有感知、通信、计算和独立提供服务的能力,是工业物联网物理世界信息和服务的主要来源。本地智能物件单独或与一组自组织智能物件联盟,响应人的服务请求,满足应用需求。智能物件具有统一的逻辑功能结构,将物联网设备或网络对象抽象为移动化微服务(micro-service 或 m-service),与人直接交互。

(3)云服务器节点。

云服务器节点是指云端基础设施或企业私有云服务器。一方面,服务器节点将有线、非智能化的测量设备、传感器等资源接入工业物联网环境,并将这些资源虚拟化和重组织为智能物件。另一方面,相比本地智能物件节点,云服务器节点具有较高的计算能力、存储能力、带宽,能提供专门系统来组织本地智能物件节点的 m-service(微服务),构建工业物联网应用,如安全管理、隐私管理、生产关系管理、客户交互等。与传统的垂直体系架构中的中心化全局云服务器不同,云服务器节点作为特殊的智能物件节点,与本地智能物件逻辑结构相同。

2. 分布式 D2D 服务直接交互层

该层由智能物件节点服务中间件组成,每个节点具有统一的逻辑结构,具有 D2D 直接交互的能力。D2D 中间件直接对应真实世界的物理智能物件实体。D2D 中间件定义了一个以人为中心的模型来隐藏异构物理资源之间交互的各类技术细节,实现人节点、本地社会化设备节点、云服务器节点之间的服务资源的交互。中间件组件包含无线网络适配器层、本地通信连接及访问信息记录层、m-service 自服务层、社会化及生产任务连接层、服务订阅/发布接口。

(1)无线网络适配器层　根据通信标准提供软件驱动,用于动态、移动地配置各类智能物件,将其接入整个无线通信系统。如智能手机跨越不同的加工车间、工厂、仓库,自动适配各类无线网络协议,动态地重新配置并接入本地通信区域,实现邻近现场设备 D2D 连接。为了支持人与物联网的直接交互方式,网络适配器承担验证、识别、发现等任务。

(2)本地通信连接及访问信息记录层　用来收集当前连接的邻居节点,并存储节点间接触与互操作的历史记录。该记录分布式保存至本地的智能服务知识库目录,并根据存储状态和请求需要将其推送至本地分布式智能物件节点或云服务器节点。访问信息记录是实现设备及物料全生命周期实时追踪的主要信息,也是隐式社会关系的数据来源。

(3)m-service 自服务层　用来暴露物理智能物件或者一组智能物件的服务及应用。它包含自感知、自管理、自配置功能。自管理用来处理动态的连接信息和智能物件本体知识库,能根据某项任务控制输入、输出的数据流,如提供固定的功能、工序及识别材料的组织结构等生产知识库。自配置能根据人的行为,触发与周边其他服务资源的组合与分离。

(4) 社会化及生产任务连接层　用来描述当前智能物件个体的社会关系,动态地记录智能物件知识库和社会关系,如员工组织架构、加工任务规划、搬运机器人的组合关系等。

(5) 服务订阅/发布接口　用来实现服务注册和主动式服务,提供数据交互协议、服务交互标准和实现中间件交互的其他技术细节。

3. 社会化 D2D 增强关系层

该层描述了人与智能物件间的协同,其中 m-service 中间件被抽象为增强图中的节点。社会化关系图分布式地存储在真实物理空间的智能设备上。社会化关系图不仅由人的社会活动关系组成,而且包含一些生产活动中的依赖关系,如某一组人的角色和技能、工厂的现场设备、制造过程中的流程和生产数据等。社会化增强图为智能物件内容交换的高频交互提供知识库和服务索引。一方面,人作为一个桥接节点连接了人的生产活动的社会网络和 D2D 设备通信网络。人的活动增强了物理世界智能物件环境服务的连通性。另一方面,一个特定应用或者制造任务所对应的多个智能物件服务组,可以由一个智能物件连接子图表示。一个制造任务通过人与人交换子图服务连接列表来完成。人向连接列表中的目标智能物件发起服务请求,在本地直接获取数据和服务。

3.2.3　以人为中心的智能车间物流案例

智能车间是实现工业 4.0 最重要的应用场景之一,本书选取智能车间中工人操作异常反馈系统案例,进一步分析本书所提的社会化 D2D 工业物联网体系架构对实际工业应用的支持。随着人与智能工业环境融合的日益深入,以人为中心的生产要素的组织面临的不确定性因素越来越多。相比强调无人干预的工业物联网通信,以人为中心的工业物联网侧重人的移动性与社会性因素,人作为生产系统的调整点,以服务互操作的形式对周边生产资源进行再配置。如图 3-3 所示,面向工人安全的智能工厂体系架构可分为物理工厂、以智能手机为中心的体感网、云端的分布式设备服务器与服务池。

(1) 物理工厂　由人周边工业物联网服务资源构成,包括物理工厂车间生产、物流、订购各个环节中的传感器、执行器、网关设备。工业物联网资源可分为固定式和移动式两类,固定式工业物联网资源如固定的现场设备、工位装卸机械手臂、厂房、空调设备等;移动式工业物联网资源如人驾驶的车辆、手持设

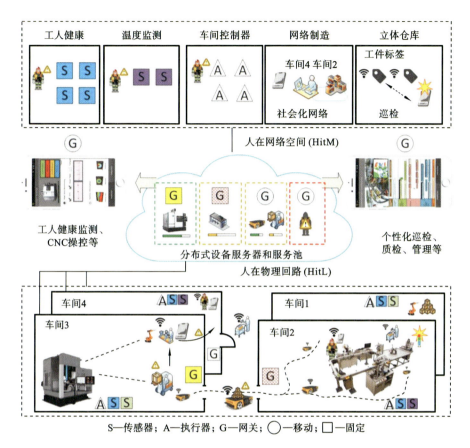

图 3-3　工业物联网人机互操作的智能工厂体系架构

备、可穿戴设备、带 RFID 标签的工具容器等。这些资源通过加装的嵌入式设备进行服务封装,被直接连接至云端分布式设备服务池,工业物联网节点直接或者通过网关接入云端。固定式网关内置嵌入式设备及轻量化服务器,提供工业现场设备异常感知服务,并桥接低等级的执行器与传感器设备,如 RFID 标签、传感器探头、有线控制开关与 LED 提示模块等低等级装置。网关实现制造、物流资源的服务封装与集成,如仓库设备管理系统,能实现智能标签注册、出入库追踪、制造资源(机器、搬运车状态)的无线接入功能。现场设备内置轻量化服务器,可以使智能制造资源感知工人的数据。

(2) 以智能手机为中心的体感网　提供服务来感知人(工人、客户等)的自身状态,与周边群集连接设备交互,它作为工业物联网环境中的移动网关节点,桥接人与信息物理系统在 HitL 与 HitM 中的交互,如工人健康状态管理中的生理参数、异常工作环境数据、医疗保险、异常知识库等物理与网络元素混杂的服务。人的服务载体为智能手机、操作的龙门吊、叉车、AGV 等。在人机互操作中,体感网解决如何根据自身服务需求对周边工业物联网设备进行重配置问题。

(3) 云端服务池　由分布式私有云服务器、智能设备 m-service 组成。云服务的载体为物理工厂固定网关、企业私有云服务器或第三方工业云服务器。该层管理和创建数字孪生体,构建群集的连接设备与人的服务交互关系,动态地按需提供多维度的服务组合。

3.3　人机互操作的服务集成技术

3.3.1　人的服务模型

人与周边服务直接交互的消息内容形式为远程服务连接、本地服务连接、其他智能手机用户服务配置管理与服务组合。人的服务模型用于描述服务需求和智能推理要素,捕捉满足需求但不冗余的邻近工业物联网服务组合方案。人在周边高度群集、互联的工业设备环境中高效地识别、筛选服务,这对资源受限的体感网设备而言是一个挑战。在人机互操作架构下,人和工业智能设备既是服务的提供者,也是服务的请求者,使用相同的服务机制进行互操作。这符合软件中间件的信息细节封装特征。因此,引入中间件技术,对人的体感网物理层通信适配、工作业务的服务细节、社会化行为的参数、动态的推理机制等进行封装。人的服务中间件向周边的工业物联网服务节点发起需求信息,同时也根据周边节点的需求查询来给人提供服务和信息。人的服务中间件包含社会化活动、交互驱动及输入/输出接口、m-service 参与、物理活动,模型如图 3-4 所示。

(1) 社会化活动组件　包含社会化连接存储、知识库上下文计算、连接推荐、任务/规则匹配。社会化连接包含两类社会关系:一类是预定义的设备连接关系、工序组合关系、商业联系、人员社会关系等显式社会关系;另一类是在预定义之外,由动态的生产活动产生的临时性、新的社会关系,称为隐式社会关系。隐式社会关系是产生机器自主智能的关键因素之一。

(2) m-service 参与组件　包含以人为中心的服务推理引擎、服务联盟、服务质量评价、应用需求获取。服务推理引擎获取周边资源池内的工业物联网资源服务组合方案,以满足人的服务请求。

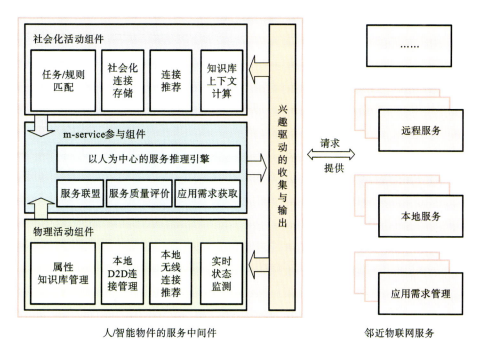

图 3-4 人/智能物件的服务中间件模型

（3）物理活动组件　包含设备或人固有的属性知识库管理、本地连接设备管理、本地无线连接推荐、实时状态（朝向、运动、健康等）监测。其中，实时状态监测与人或工业设备自身的传感器和执行器部署密切相关。

智能手机/移动终端是一类特殊的智能设备，与人的物理活动密切相关，是人与工业物联网环境交互的接口之一。智能手机/移动终端感知人的行为和意图，将人的特征接入物联网。工业物联网环境为人提供前瞻性的服务，是人与周边工业物联网设备交互与动作触发信息的来源。以智能手机为中心的体感网交互模型，定义了自身的组织结构以及与外界交互的触发参数，与周边群集的联网设备交换必要的数据，支持以人为中心的物联网D2D交互模式。

在工业物联网无线通信网络中，人通过无线体感网装置接入工业物联网，且不同场景下其网络节点类型多变，如执行器节点、传感器节点、网络中继摆渡节点等。从无线网络拓扑结构角度看，人体状态感知的体感网通常采用星形网络拓扑结构[108]，如图3-5所示。在星形网络拓扑结构中，无线汇聚节点为多网络协议切换的适配器，实现移动终端设备无线协议与工业专用无线网络协议的互通与融合，如图3-5中ZigBee与Bluetooth协议的转换。体感网节点内置传

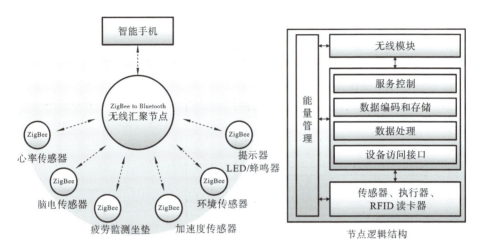

图 3-5 以智能手机为中心的体感网结构

感器与执行器,可穿戴在人体或附加在人驾驶的车辆上,如工人健康监测腕表、叉车驾驶疲劳监测坐垫等。单个体感网设备通过无线协议与周边其他现场设备进行服务互操作,根据人的移动性和社交活动,产生动态的社会关系和服务请求,从而支持时空异构的人的服务需求获取。

3.3.2 人的服务互操作参数封装

人的交互参数包含自身状态的静态参数、与周边工业物联网设备交互的动态参数。人自身状态的静态参数用于描述人的固有属性,如体感网采集的生理参数(运动状态及姿态异常、心率等)、工人偏好(健康、年龄、技能熟悉程度、残疾信息等)等人的生理健康及社会属性。周边环境根据人的参数动态配置服务,同一个设备在不同的需求下定义不同的属性,实现不同的功能和服务角色,从而满足人的需求。周边的各类环境信息,如工人周边环境异常、机器工作异常、生产环境异常(粉尘、温度、噪声);在与其他工厂的员工交互中产生的社会化关系,如职位设置、任务下发与管理、社交网络、客户联络、巡检设备管理、工人个性化设置或作业工序变化信息(车间内部设备之间的配对连接);与时间和空间位置密切相关的信息,如设备寿命、任务生命周期、人与设备时空冲突信息(如人与智能搬运车的路线碰撞)。交互参数和服务属性是建立服务交互和互操作的基础,可抽象为人的交互参数与服务类图,如图 3-6 所示。

根据服务参数的类设计,服务属性通过类的操作/函数实现封装。从服务

第 3 章 人与工业物联网服务集成与互操作架构

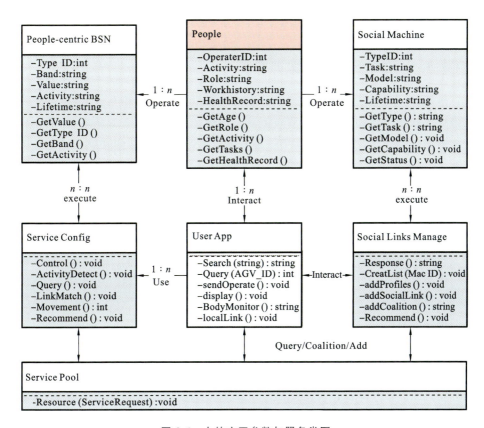

图 3-6 人的交互参数与服务类图

互操作的角度,以工人车间日常工作为例介绍人的"活动"Activity()属性封装。在图 3-3 中,车间 2 工人健康监测,考虑跌倒等姿态识别,以及噪声、灰尘、AGV 等元素,人穿戴智能手环或者 RFID 追踪设备,与周边群集联网现场设备相互识别与操作。在这个过程中,人与设备交互的信息被实时记录。人与车间智能设备互操作的信息可以描述为

```
< Service epc= "x.xxx.xxx..."/>      //改进 EPCglobal 设备动态标识
Activity (user id, dev id, "AGV", "OFF", Time Stamp, Location)
Activity (user id, dev id, "RFID door", "on", Time Stamp, Location)
Activity (user id, dev id, "Robot arm", "right", Time Stamp, Location)
```

人自身姿态的识别记录可以描述为

```
Activity (user id, "walking", Start Time, End Time, Location)
Activity (user id, "running", Start Time, End Time, Location)
Activity (user id, "driving", Start Time, End Time, Location)
```

Activity (user id, "falling down", Time Stamp, Location)

3.3.3 社会化设备的服务模型

机器社会化网络定义了一种设备连接的网络[109,110],由相互关联、社会化和网络化感知的设备构成。网络节点能动态地创建或断开社会化的连接,从而提供高度融合的社会化制造服务[111]。现有的机器社会化网络基于集中式物联网平台,其网络中点对点通信需要中心化云平台作为服务和社会关系转发中介,如工业物联网平台 Xively。网络中的物理设备通过配置文件构建成通信实体,实体间的关系表征为设备的社会关系。本节引入机器社会化网络概念,构建社会化 D2D 扁平模式下的社会化设备,即设备个体具有独立提供服务、本地处理社会化关系的能力。

社会化设备是一种物理实体设备,内置嵌入式服务中间件(包含功能集合、本地物理连接和社会化连接),能与周边物理环境中的邻居设备及信息空间的联盟设备建立连接,单独地提供或请求服务,或与邻居设备组成服务联盟。社会化设备的服务中间件包括自主服务参与(m-service participate)核心组件、社会化和物理活动组件、兴趣驱动聚合器/输出组件。

(1) 自主服务参与核心组件从周边邻居节点接收一组服务请求需求,通过识别、选择、配置邻居服务,形成服务联盟。服务联盟将服务呈现为设备链接表,满足请求者需求。链接表内是若干其他服务的服务引用地址。同时,为了传递或转发来自外部节点的查询请求,m-service 的输出可以是一组相关服务联盟引用表,并创建新的面向其他社会化设备的协作请求。

(2) 社会化活动组件动态处理服务资源池的社交关系,根据固有规则和任务时间表、地点、个性化倾向等要素推荐正确的活动。例如,汽车轮毂个性化定制中的零件组装过程提交的零件装配关系、现场设备服务共享和租赁关系、客户管理交易等。该组件对邻居节点提供的服务在实时的社会网络中进行评价和权重排序,作为当前设备根据需求或兴趣筛选邻居节点的依据。

(3) 物理活动组件用于与其他社会化设备或人进行交互或协作。它记录邻居节点的当前连接,并基于成本、能量消耗、本地存储的关系库、知识库等选择最优物理通信链路与物理响应。该组件提供当前设备的 m-service 在网络中的物理优先级与权重。

(4) 兴趣驱动聚合器/输出组件根据 m-service 需求和倾向来收集服务链接表(地址),按需向邻居节点发布包含服务链接表的信息。

社会化设备的个体行为、连接(社会化和物理通信)关系动态地触发服务彼此之间的按需互操作,这些活动具有拟人的特征。因此,社会化设备服务的中间件与人的服务中间件具有相似结构。以人为中心的服务交互中间件模型用来标准化社会化设备的软件服务。与人的服务中间件模型相比,社会化设备中 m-service 更强调上下文内容,包括身份、距离、方向、移动、位置、时间、环境和用于筛选社会化邻居节点的连接关系表。这些参数用于理解个性化兴趣、偏好、触发等属性,并参与以人为中心的服务配置。

AGV 是智能工厂车间物流场景中的关键移动搬运机器人之一,以 AGV 为例分析社会化设备服务集成。AGV 内置服务器,与智能车间邻近工人、现场设备直接进行互操作,同时与工业物联网服务池的客户、其他联盟机器、网络制造商、虚拟工厂等进行服务交互。以物料和产品搬运 AGV 为例构建其社会化设备服务中间件,如图 3-7 所示。AGV 的社会化设备服务中间件包含服务聚合器及输入/输出组件、AGV 知识库组件、服务注册组件、以人为中心的活动引擎、AGV 固有功能、移动应用管理组件。

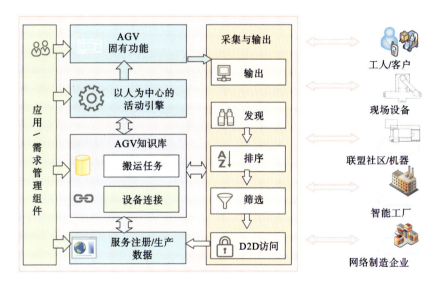

图 3-7　AGV 的社会化设备服务中间件结构示例

服务聚合器管理本地和云端各类设备的服务,通过输入/输出组件控制 D2D 服务交互与设备访问权限,如检测物料供应服务、机器人臂合作服务、输送机托架服务、叉车服务、司机服务。AGV 智能化的服务发现将在第 4 章进行详细研究。

AGV 知识库组件向服务聚合器和输出组件输入物料搬运规则和加工任务需求,为聚合器中的排序、过滤和服务提供约束参数。知识库更新接触的工件信息、工件制造环节知识、本地 D2D 设备对和动态人机或其他机器知识库的社会化连接关系图。应用和动作规范包含提供给伙伴设备不同的社会属性参数,满足不同上下文、个性化或者倾向的需要。社会化连接关系图的构建方法将在第 7 章进行详细研究。

服务注册组件通过 sub/pub 方式增删固有服务定义,如检测机-传送带配合关系、传送带-工业机械手臂服务配合关系、AGV 路线预定义;或是聚合器产生的新生产指令中包含的手机或者其他设备的动态服务组合规则,并将其更新至 AGV 知识库中。

以人为中心的活动引擎组件用于处理知识库传入的服务地址和属性,根据触发参数,产生新的任务需求和制定动作指令。该操作指令由 AGV 本机执行或者与周边联网的现场设备联盟共同执行。

移动应用管理组件用于自重构 AGV 本地设备的连接图,协调现场设备工作流程并更新知识库社会关系。将 AGV 服务抽象为开放的 API 层,直接呈现给开放的智能工厂云端服务池或互联网中其他服务。

3.3.4 社会化设备的服务互操作参数封装

社会化设备要求"运行时(run-time)"适配和设备服务动态重新配置,传统的设备虚拟化与集中服务器推理方法已经无法适应该需求。智能设备集成自身原有的服务,抽象自身的本体知识库,提供智能中间件及引擎服务,通过智能中间件获取环境数据,触发本地的行为或外部联盟设备协同;不改变设备的固有功能与生产方式,利用其服务动态属性,进行动态的服务组合。相比传统的云制造资源虚拟化,面向服务的属性封装具有本地化配置的优势,如设备内置服务器本地动态更新存储连接记录、以人或设备自身需求为中心的动态社会关系创建与自动清理机制等。

社会化设备的服务属性包含社会化社区、本地设施、位置与方向信息、实时状态信息流,其属性封装如图 3-8 所示。其中,社会化社区有如工厂预设设备联盟或者工序约束下设备自动连接、数字孪生车间的映射关系、虚拟企业或工厂的设备映射连接关系等;本地设施是指该设备内置的传感器、执行器、附着的工业机器人等组件,这些组件产生实时的信息流,如作业过程中动态的位姿信息;位置与方向信息是社会化设备重要的信息之一,是触发社会关系与连接强度变化的重要依据;实时状态信息流来源于自身创建的实时状态和社会化设备网络

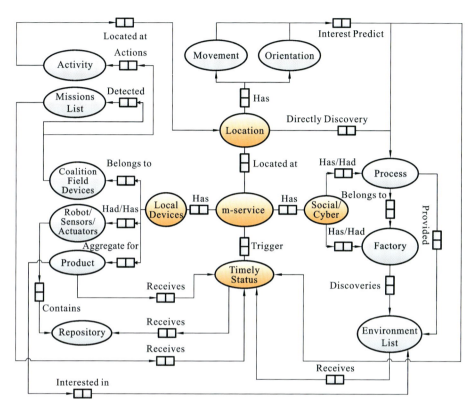

图 3-8　社会化设备服务的服务属性封装

中的联盟设备或人。根据社会化设备服务模型及参数,将社会化交互动态引入智能设备服务语义模型。在此基础上,考虑人在日常活动中触发的社会属性与状态信息的动态性因素,本书构建一种面向动态属性的封装方法,其设备属性语义模板可描述为

$$\begin{cases} mService_i ::= \{Obj.AttrU_i, Obj.TrigU_i\} \\ AttrU_i ::= \{Obj.Location, Obj.Tim, Obj.Soci, Obj.LocLink\} \\ TrigU_i ::= \{Obj.Mov, Obj.Orin, Obj.Env\} \end{cases} \quad (3-1)$$

其中,$mService_i$ 表示智能设备在第 i 种服务组合状态下,具有属性单元 $AttrU_i$、触发单元 $TrigU_i$(触发单元是服务组合状态改变的驱动单元,作为驱动服务自组织、推理、筛选的参数);$Obj.Location$ 为位置,$Obj.Tim$ 为时间,$Obj.Soci$ 为社会连接,$Obj.LocLink$ 为本地连接,$Obj.Mov$ 为移动,$Obj.Orin$ 为朝向,$Obj.Env$ 为环境。

3.3.5 参数触发的人机服务集成技术

1. 个体服务需求模型

人与社会化设备的功能、数据流与需求信息通过中间件方式封装成服务，个体服务之间的组合和选择形成最相关的服务联盟，提供最能满足制造业用户各类需求的服务组合方案，柔性实现跨域程序应用。此时，人机服务交互过程就变为服务间的服务请求与满足过程。这种能紧密、高质量地满足人特定动态服务需求的互操作机制，受个体服务的固有属性参数约束，同时受个体智能设备服务的社会化倾向约束。人与设备社会化倾向驱动和基于约束推理组成了以人为中心的人机互操作机制的重要部分。将人的偏好和约束自动地映射到个体服务中，实现人机共融中的个体智能决策。

自动化的映射规则通过定义功能细节、数值、倾向的统一规范，实现无缝应用到决策支持模型。个体服务需求参考模型如图3-9所示，包含类型、用户/服务ID&Link、用户/服务属性。类型请求与服务ID的动态标识通过定制或者直接使用API（application programming interface，应用程序编程接口）获取，如Auto-ID EPCglobal提供的工业物联网通用API。用户/服务属性包含服务参数、服务约束、服务倾向。

2. 人机隐式交互触发参数

在隐式交互中人与物联网环境服务具有两方面的技术需求：一方面，人周边的智能环境智能感知人的行为和需求；另一方面，工业物联网环境根据人的行为特征（位置、兴趣、操作等）提供前瞻性的服务。这要求人与社会化设备的服务属性具有共同的参数，触发无所不在的识别、访问、控制等行为。这些特征符合普适计算和移动计算中的上下文信息共有属性：时间窗数据流片段、用户对象、特定物理环境、社会关系设定、特定任务。因此，针对以人为中心的工业物联网高度动态、自组织的智能设备服务，借鉴普适计算中面向信息或数据的人机交互，给出工业物联网环境中人与社会化设备服务的隐式交互触发参数，具体如下：

（1）识别方式 指智能物体设备之间在物理世界相互交换ID，并从网络（cyber）空间的自身知识库中注册或者确认对方是否具有相关性。常见的设备间识别的触发方式有信标（beacons）、标签（tags）、网关（gateways）。信标主动地广播其附着设备的存在，并向周边设备提供其连接接口和规则等信息。在工业4.0场景中，智能车间物流中产品的识别和追踪使用条码、二维码等光学扫描方式读取，或使用NFC、RFID通过RF扫描仪扫描读取。

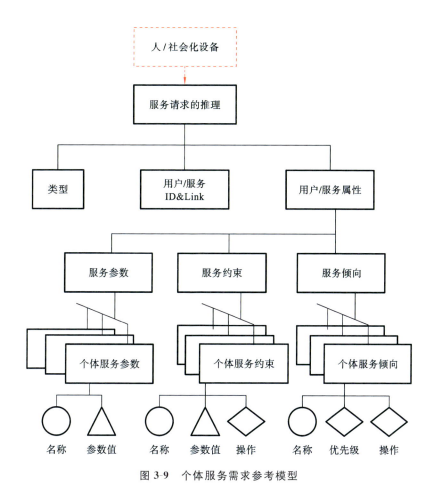

图 3-9 个体服务需求参考模型

（2）时间 指智能物体间交互的起始时刻、时间片长度等与时间相关的属性。

（3）空间位置 指人和智能物体资源的位置信息，包含 GPS 等固定绝对位置、工件及流水线位置编号、工厂布局网格划分位置等。

（4）位移 指物理空间中智能物体从一个位置到另一个位置的位移信息，如社会关系网络或者现场设备生产组织网络中节点从一个社区到另一个社区。

（5）朝向 指人或者智能物体与其他资源进行交互时面向的方向。特别是在 5G 通信环境下，设备对设备直接发送信息受方向影响较大，智能物体的无线通信波束成形朝向直接影响着目标设备的发现和数据传输质量。

（6）距离　包含物理距离和社会化距离,如在网络空间中,工人节点同时处在多个生产任务网络中,每个生产任务根据工序构建人与设备节点连接网络的拓扑关系图,人与目标设备工序流程的距离属于社会化距离。

以某轮毂定制智能车间生产纠偏中的物流调度为例,描述参数触发的服务隐式互操作过程。场景如 3.2.3 节的图 3-3 所示,立体仓库存放成品,成品加装含智能硬件的智能物体,巡检员的穿戴设备能通过无线识别与定位技术进行跟踪,并主动分析巡检路径、任务,推送自身生产信息,如产品的存放位置、生产工位、时间、加工设备和 AGV 等。巡检员检测到产品定制异常,其携带的智能手机隐式获取轮毂 MAC(message authentication code,消息认证码)或者 RFID 的 ID,通过生产社交网络或者云 ERP 隐式向制造企业的车间 2 员工推送提醒。车间 3 加工流水线上工人的穿戴设备收到生产纠偏提醒,同时现场 CNC 机床主动隐式地向周边智能传送带/AGV 或工人推送搬运提醒。

在隐式人机互操作范式下,根据巡检员巡检任务,仓库生产定制异常的产品就会触发纠偏系统,且纠偏请求需要通过智能物体服务自组织形式执行。社会化智能物体网络内节点间服务协同通过带人属性的服务推理实现,基于描述逻辑(description logic,DL)的隐式交互推理描述如图 3-10 所示。其中,P 表示人节点,O 表示智能物体(如手机、现场设备、轮毂)节点,T 表示实时状态知识库,L 表示位置,D 表示可穿戴设备,C 表示设备现场物理连接,E 表示环境列表,

$$
\begin{array}{l}
(?\ D\ isWearablething\ ?\ P) \wedge (?\ P\ isBelongedto\ ?\ C) \wedge (?\ C\ isLocatedat\ ?\ E) \wedge \\
(?\ E\ isDiscovered\ by\ ?\ S) \Rightarrow ?\ D\ isDiscovered\ by\ ?\ S
\end{array}
$$

$$
\begin{array}{l}
(?\ P\ connectNeiberhood\ ?O) \wedge (?\ O\ isBelongedto\ ?\ C) \wedge (?\ C\ Detected\ ?\ M) \wedge \\
(?\ M\ isReceived\ by\ ?\ T) \Rightarrow ?\ P\ isReceivedby\ ?\ T
\end{array}
$$

$$
\begin{aligned}
mService \equiv\ & PeopleAction\ \Pi \\
& \exists\ has\ T.I/OdataParameters\ \cup\ \exists\ has\ T.QoSParameters\ \cup \\
& \exists\ has\ S.TimeSpaceParameters\ \cup\ \exists\ has\ S.CommunityParameters\ \cup \\
& \exists\ has\ S.ResourcesParameters\ \cup \\
& \exists\ has\ O.CParameters\ \cup\ \exists\ has\ O.CParameters\ \cup \\
& \exists\ has\ O.MParameters\ \cup \\
& \exists\ has\ O.PropertyParameters\ \cup \\
& \exists\ has\ L.TimeSpaceParameters\ \cup\ \exists\ has\ L.IdentityOrientationParameters
\end{aligned}
$$

图 3-10　基于 DL 的需求-制造服务隐式交互推理示例

S 表示生产元素社会关系或依存关系表，M 表示生产任务。人所携带的智能设备隐式检索周边设备服务器，查找当前工序提供服务的 AGV 的服务标识 Delivery-03-01 S.ID，参数触发逻辑描述片段如图 3-11 所示。根据服务标识找到当前环节服务提供设备，查询其服务状态，如图 3-12 所示。与传统生产纠偏系统相比，以人为中心的物联网环境下人员物理交互减少，小批量纠偏生产任务通过分布式搬运，由制造单元在局部位置与有限时间窗口内协同完成，不影响整个生产线生产任务。

```
SELECT?serviceID?serviceType
WHERE{
?who a tes:private.
?who tes:privateOccupyStatus? privateOccupyStatus.
?who tes: privateName? privateName.
?s serviceID tes:IDfor ? who.
?serviceID tes: serviceType ? serviceType.
FILTER (?privateOccupyStatus=!Null^^xsd:string
       ||?privateName="Delivery-03-01"^^xsd:string)}
ORDER BY ? serviceType
```

图 3-11　查询服务标识为 Delivery-03-01 S.ID 的 AGV 参数触发逻辑描述片段

```
SELECT ? serviceID ? serviceType ? deliverCapabilityOccupy
? batteryStatus ? Location ? online
WHERE{
? serviceID a tes: serviceID.
? serviceID tes:IDfor ? private.
? private tes:privateName ? privateName.
? serviceID tes: serviceType ? serviceType.
? serviceID tes: deliverCapabilityOccupy? deliverCapabilityOccupy.
? serviceID tes: batteryStatus ? batteryStatus.
? serviceID tes: D by ? online.
? serviceID tes:ID_in ? Location.
FILTER (? privateName= " Delivery-03-01"^^xsd:string)}
```

图 3-12　服务请求者查询 AGV 服务状态信息

3.4 人机互操作的服务按需集成案例

以某汽车轮毂定制车间物流搬运系统按需集成为例,进一步说明个体需求与属性触发的分布式服务再组织、配置、集成等互操作行为。车间工人与邻近现场设备隐式地完成服务之间的自动配置,选择恰当的搬运方案和下一步的加工环节。如图3-3所示,巡检员发现产品定制异常并启动纠偏生产方案,在生产车间轮毂半成品加工过程中临时修改加工计划。车间2工人或者智能检测装置接收到纠偏生产需求,现场设备中断当前批次零件的装配任务,发现并选择邻近车间3的CNC设备提供的二次加工服务。此时,轮毂半成品从车间2到车间3的运输方式有工人驾驶叉车或手推车搬运、AGV搬运、移动传输带输送和工业机器人搬运。服务配置受如下多重因素约束:工人当前的状态,如健康状态、当前任务的优先级、排班计划、技术熟练等级等;工厂环境状况,如车间内空气污染情况、噪声、温度等;工业机器人的位置和路径规划,机器人的运载能力、运载空闲比例、路径冲突、排班冲突及与起始地点、目标CNC设备的距离等。

根据人机互操作机制与个体需求模型,推理模型配置分布式工业物联网服务节点以满足纠偏生产物流的搬运需求。搬运设备的筛选受服务属性参数约束,如候选搬运车辆排放气体对车间环境污染参数、现场工人的劳动强度参数、工业机器人及AGV移动搬运机器人的路径冲突与拥堵参数等。为了提供最优的搬运方案,车间2联网的社会化制造单元向周边群集工业物联网设备发起推理请求。车间1、车间2、车间3、车间4及其数字孪生体构成的智能工业环境中的所有服务根据请求信息进行服务组合。推理请求的信息包含:类型,指用于此场景的社会化设备中间件的决策支持模块;设备服务或客户标识,指唯一的用户ID,本例采用EPCglobal标准动态的标识服务;服务功能描述,指客户或设备服务的要求和倾向。某汽车轮毂定制纠偏搬运场景中服务属性(服务参数、服务约束、服务倾向)示例如表3-1、表3-2、表3-3所示。

人机服务属性匹配与推理是一类组合搜索问题,回答集程序设计(answer set programming,ASP)规则是组合搜索问题的经典解决方法。推理请求被自动地映射到ASP规则,如图3-13所示。其中,规则1~8(指图3-13中第1~8条规则,图3-13中每一条都是一个规则,下同)表示场景中的推理ASP规则;规则1和2表示服务参数被转化为简化的逻辑要素。服务约束被转化为强约束,如规则3和4,通过这些约束来进行筛选,减少解空间。服务倾向被转化为优化问

表 3-1　某汽车轮毂定制纠偏搬运场景中的服务参数

服务参数	项目名	信息类型	参数值
起始位置网格	StartPoint	Coordinate	Grid(1,8)(网格位置)
搬运需求发起网格	PointOfInterest	Coordinate	Grid(9,9)
开始时间	StartTime	Date	2021-09-1123:34:22.337
搜索区域网格范围	DistanceRange	Number	7(网格距离)
停留时间	TimeOfStay	Duration	100 s
搬运方式	TranspoType	Enum	{AGV，Worker，Conveyor}

表 3-2　某汽车轮毂定制纠偏搬运场景中的服务约束

服务约束	项目名	约束操作	信息类型	参数值
运输时间小于	DeliTime	≤	Duration	12 s
网格距离小于	Distance	≤	Number	6
搬运成本小于	TranspoCost	≤	Number	199 J(能耗)

表 3-3　某汽车轮毂定制纠偏搬运场景中的服务倾向

服务倾向	项目名	优先级	约束操作
运输时间	DeliTime	1	Minimize
网格距离	Distance	2	Minimize
搬运成本	TranspoCost	3	Minimize

```
1. Parameter("EndPoint", Grid(2,0)):-Parameter(Grid(2,0), "lan, lat").
2. Parameter("StartPoint",Grid(5,6)):-Parameter(Grid(5,6), "lan, lat").
3. :-violatedConstraint("TranspoCost").
4. ViolatedConstraint("TranspoCost"):-valueOf("TranspoCost",V₀), 199<V₀.
5. #minimize{V₀@1: valueOf("Time",V₀)}.
6. Preference(1,"Minimize","Time").
7. #Minimize{V₀@2: valueOf("Distance",V₀)}.
8. Preference(2,"Minimize","Distance").
9. Input.getRoutes(SP, EP, V, 5):-parameter("StartPoint", SP),
   Parameter ("EndPoint", EP), Route.CostPlan(V).
10. Route(@getRoute(SP, EP, V, N)):-Input.getRoutes(SP, EP, V, N).
11. Route.data(@getRoutesData(SP, EP, V, N)):-Input.getRoutes
    (SP, EP, V, N).
12. MaxCost(@getMaxCost(RouteID)):- selected(RouteID).
13. 1<={selected(ID): Route((RouteID, ?, ?))}<=2.
14. 1<={selected(RouteID): Route(RouteID,,)}<=2.
```

图 3-13　某汽车轮毂定制纠偏搬运场景的逻辑规则片段

题,如规则 5~8,通过解的排序找出最符合优化状态的解决方案。综合使用这些规则解决汽车轮毂纠偏生产案例中的搬运服务优化选择问题,获取的 AGV 任务能力描述如图 3-14 所示。通过内置服务中间件,服务请求设备记录已经被选择的服务节点,收集本地知识库可能的服务路径,并根据该服务属性动态地产生服务联盟、配置分布式工业物联网服务。场景中人或者设备的服务请求可以通过服务直接互操作的方式,对推理结果中包含的搬运服务所映射的设备进行信息读取和操作控制。

```
"User": "Line2AGV001 S.ID",              //服务任务能力描述示例
"Userdata": {"TypeID": "Boolean", "valueOfCapability": "Status",
                                         //服务模板描述
    "AvailableValues": [
        {"Value": true, "Description": "turn on"},
        {"Value": false, "Description": "turn off"}]},
    {"ParameterID": "DeliveryCapability","Description": "used to
    adjust delivery space of AGV",
        "User": "Optional",              //可选的服务能力
        "AnswerTemplate": ",\" DeliveryCapability\":
{DeliveryCapability }",
        "Definition": {
        "InputType": "Integer"," valueOfCapability": "free percentage of
        delivery",
        "AvailableValues": [{"Max": 254, "Min": 1, "Description":
    "define the capability of AGV, from 1 to 254." }]}},
                                         //服务能力数值转换
"HTTPProtocols": {                       //访问协议,以 http 请求为例
"HTTPMethod": "PUT",
"ServiceEPCglobalPath": "x.xxx.xxx...", //EPCglobal 引用
"ServiceMessageFormat": "JSON for light server",
"MessageContext":                        //响应服务请求
    "{\"on\": {on},\" DeliveryCapability \": {DeliveryCapability }}"},
"Actuator": {"_link": "/Actuator"}       //执行部件
```

图 3-14　某汽车轮毂定制纠偏搬运服务中 AGV 任务能力描述

3.5　本章小结

本章开展了如下研究工作：

（1）工业 4.0 环境下人与工业物联网环境互操作模型构建，提出了一种社会化 D2D 工业物联网体系架构；

（2）人与工业物联网设备的服务中间件模型及其属性封装技术开发，提出了一种服务属性触发的服务集成与互操作，并以智能车间物流为例说明该方法的可行性。该方法为人机互操作的服务时空异构集成问题提供了可行的技术解决方案。

第 4 章

以服务需求为中心的人机隐式交互机理

4.1 引言

在第 3 章所提的智慧物流服务集成架构中,人与周边工业物联网环境混杂、动态交互必然存在内在规则和约束机制。本章从服务交互、无线传输网络、人的移动行为三个视角探索人机隐式交互机理及关键技术。

4.2 智能物流的人邻近服务发现机制

在人机互操作的服务直接引用范式下,用户邻近服务包含本地物理设备提供的服务、信息空间映射到该区域的远程节点服务。智能手机及体感网设备作为用户与工业物联网环境交互的界面,通过与邻近服务提供节点 D2D 隐式交互,按用户的需求收集周边服务提供节点的服务引用地址,以满足用户的服务需求。人邻近服务发现流程如图 4-1 所示。

步骤 1:人的服务触发与标识(ID)发现。智能手机或者人的可穿戴设备无线覆盖多个服务提供节点设备,并与邻近现场设备无线识别,记录彼此 ID,形成 D2D 交互接触记录。基于 HIIoT 架构,ID 识别方式、朝向、距离、动作能被用来触发人机接触活动,如智能手机移动到邻近智能设备的无线通信范围,通过无线信标探测(beacon probing)与扫描,通过 MAC 地址识别和交换,实现 ID 发现,建立无线 D2D 连接。已有无线通信协议支持此类应用,如 IEEE802.11x、Bluetooth、IEEE802.15.4、ZigBee、IEEE1451.5、RFID 等。

步骤 2:人的需求中包含的目标服务连接地址查询。用户应用需求对应的服务引用地址。人的智能终端或体感网设备收集周边设备 ID,并通过该 ID 查询链表根据当前的任务和人的需求进行筛选,包含用户倾向、服务的类型和当前兴趣所在的区域。从云辅助的协调节点包含的社会化 D2D 图中获取目标服

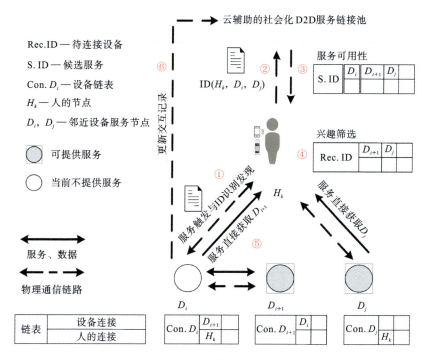

图 4-1 人邻近服务发现流程

务的交互路径。任务和需求通过步骤 1 的用户终端设备 ID 进行计算。已有的技术能实现物理设备的 ID 与服务映射,如改进的 EPCglobal 编码[112]。

步骤 3:用户接收服务连接列表。智能手机接收一组满足服务请求的智能设备集合链表,该链表由社会化 D2D 服务链接池产生。该列表内的服务包含本地物理设备服务节点与该区域的虚拟服务节点。虚拟服务节点由远程物理设备提供,通过信息空间的服务代理网络的社区划分映射到用户邻近位置。

步骤 4:根据用户当前倾向对服务进行筛选。智能手机内置服务中间件根据用户当前的兴趣与倾向对服务进行选择。同时,人的需求随时间具有流动性,导致周边候选服务提供节点过载或不足。例如装配线工人的穿戴装置感知当前装配任务即将结束,向周边搬运机器人自动导引车发送半成品装卸服务请求,通过本地协调节点配置一组 AGV 协同作业,在 AGV 抵达的时间区间,工人主动搬运部分半成品造成当前需求数量减少,工人体感网设备更新需求并对 AGV 服务数量进行筛选。此过程中,人的状态感知、决策和无线连接可由现场设备隐式完成。

步骤 5:用户邻近区域服务节点自组织、再配置。人的需求包含一组能提供相应服务节点的 ID 列表，这些服务节点分布式部署在本地或信息空间。列表中服务节点状态的流动性，造成部分设备不可用，需通过设备社区自组织协调进行再配置。如当前被选中的 AGV 机器人 D_i 在抵达目的地途中被优先级更高的工人占用了 100% 的搬运能力，当前时刻该搬运设备不可用，通过社会化 D2D 信息物理社区查询替代设备 D_{i+1}。根据所提的改进 EPCglobal 协议，用户终端设备直接连接目标 ID 所对应的设备。该过程无人参与，属于隐式信息传递与交互阶段。

步骤 6：用户更新互操作接触记录及需求满足度。目标设备在完成与人的隐式交互后，通过所提出的服务标识与分布式本地存储技术，在社会化 D2D 服务链接池中更新人机接触记录与用户需求满足度。

上述流程中，人与目标设备的互操作可以分为两个阶段：第一阶段，通过人的参与，发现邻近区域满足需求的服务集合；第二阶段，根据目标服务集合，用户邻近设备协同进行目标服务连接。用户发起服务请求，从邻近智能物体接收一个候选服务地址列表，而不需要向周边大量的其他节点逐一请求和查询。一个工业生产任务通过人与周边设备传递需求服务以引用 ID 列表来完成，基于轻量化的服务标识协议，由人向列表服务地址所对应的智能设备内置服务器直接请求服务或获取服务。因此，以人为中心的工业物联网的隐式交互，采用周边设备自组织的服务请求与提供的映射模式，减少人机交互中人的干预与介入程度，降低工人主动操作的复杂度。为达到上述目标，准确地描述服务的流动性与服务节点社区内部关联性至关重要，它是进行智能服务筛选的基础。

4.3 人机互操作的服务拥塞问题

在智能工厂人机互操作中，人周边服务节点群集，人的服务请求能获得多个服务提供节点响应。用户需求的流动性、邻近服务节点的高密度分布、人机位置移动性导致人机互操作的高度动态性，造成人机互操作的服务拥塞问题。

1. 用户需求流动性问题

工业物联网环境下，人的服务需求获取问题可通过社会化制造服务网络和信息物理系统服务映射方法得以解决[9]。采用工业资源虚拟化与原子服务组合技术[113]，可将人的需求和周边工业物联网服务动态划分为子请求与子服务。从用户个体需求的角度看，人在与工业物联网环境的动态交互过程中逐渐获得服务，需求获取和服务提供的流动性示意图如图 4-2 所示。用户通过分布式需求网络获取工业物联网环境中的应用与任务，且通过分布式服务网络从工业物

第 4 章
以服务需求为中心的人机隐式交互机理

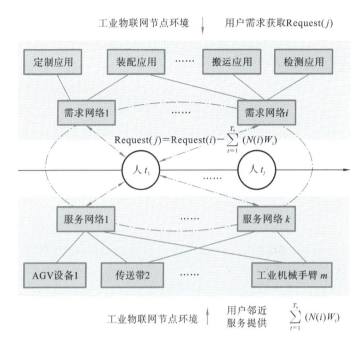

图 4-2 需求获取和服务提供的流动性示意图

联网设备获得服务。原子服务是工业物联网服务的基本单元,由智能设备提供,如车间物流搬运中的搬运原子服务可由 AGV、传送带、工业机械手臂等协同提供。用户节点个体服务请求集合包含的原子请求数量随时间变化,且服务通过节点联盟的形式提供。若用 W_i 表示工业物联网设备服务提供节点能向用户节点提供满足用户 i 需求的比例,$W_i \in [0,1]$,当 $W_i = 0$ 时,表示智能设备节点不提供生产功能服务,仅转发用户服务需求信息;当 $W_i = 1$ 时,本地邻近智能设备服务节点在没有服务联盟的情况下能单独提供用户所需服务。人的移动性导致邻近服务响应分布不均匀。服务与需求根据人位置的移动性、服务需求数量的流动性而动态映射。因此,可基于原子服务和原子请求的流动性来对人机互操作的动态性进行研究。

2. 用户邻近服务节点拥塞问题

工业物联网服务节点物理通信网络和社会社区属性,使得用户感兴趣区域的服务提供节点群集,导致响应用户需求的服务节点出现拥塞情况。根据第 3 章所提的服务封装技术,人与体感网设备、现场智能设备、环境中的传感器与执行器等物联网设备被封装为服务节点,其形式为数字孪生体或设备嵌入式服务软件的智能代理。人与周边环境互操作具有时空特性,使得同一个智能设备在不同的时空中属于不同的信息物理社区(cyber-physical communities)。且基于工业物联网技术,远程的服务节点与本地设备被映射为人邻近区域服务提供节点,形成物理实体与网络信息混杂的邻近服务环境。人与邻近服务节点群集与拥塞示意图如图 4-3 所示。人机服务载体设备在不同的时空粒度下呈现出不同的服务类型与属性。根据工人穿戴设备无线覆盖范围的变化,邻近区域的工业物联网设备密度分布不均匀,而且用户感兴趣的区域在用户请求时间间隔内累积了多个可用服务,形成局部时间与空间单元的服务节点群集。用户在移动过程中发起服务请求,周边响应请求的服务提供节点数量庞大,使得分布式工业物联网服务响应的拥塞问题更加突出。

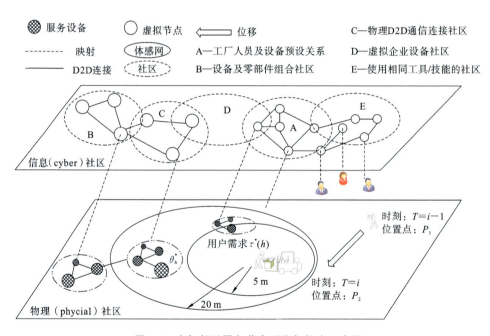

图 4-3　人与邻近服务节点群集与拥塞示意图

4.4　以服务需求为中心的人机隐式交互机理

4.4.1　智能工厂无线通信网络与隐式社会关系

1. 智能工厂人机混杂无线通信网络架构

在以人为中心的工业物联网的直接人机互操作模式下,服务节点既是无线通信网络中的终端节点又是其基站节点。服务请求者（人或者机器）在移动的过程中，自身携带的无线节点充当基站节点，无线通信区域覆盖周边其他设备。无线覆盖区域以人或工业移动机器人位置为中心，动态地随着基站位置移动。这种 D2D 的无线通信架构不依赖固定的全局基站，且 D2D 网络通信协议可由多种技术实现，如 Wi-Fi、Bluetooth、ZigBee 等。以车间物流的人机协同物料搬运场景为例，典型的移动对象有工人体感网装置（可穿戴装置及手持终端）节点、AGV 节点、现场搬运设备节点等，基于 Wi-Fi 协议的 D2D 网络架构如图 4-4 所示。D2D 网络无须依赖固定的基站或者固定的全局网关等中心化基础设施，人机设备节点既是终端节点又能作为临时基站。人作为网络中的源节点，向周边群集现场设备节点发送搬运服务请求信息，邻居节点对服务请求进行次级转发，直至该搬运需求信息传递到服务提供者，即目标服务节点。

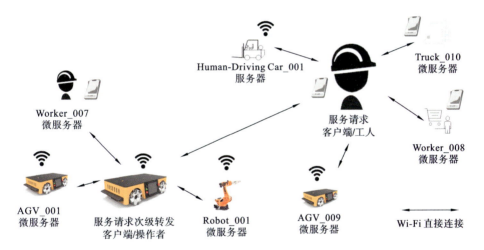

图 4-4 智能工厂下无中心化基础设施的无线 D2D 网络架构

2. 智能工业环境的隐式社会关系

在以人为中心的 D2D 通信中，人机交互的接触规律体现了人的接触特征，如人的移动性、接触时长和接触间隔分布等。根据当前时间窗口构建具有社区结构和接触特征的隐式社会关系，潜在 D2D 候选邻居设备节点在隐式社会化设备网络中的中心度被感知，依据候选节点在各自社区中的状态避免不必要的接触与探测帧扫描，以实现 D2D 设备对发现过程的能效优化。例如，在智能工厂设备或智能标签群集的工作场景（如车间物流、货场等）中，工人可以利用相遇、接触特性发现社会化 D2D 的设备对，避免手持设备的目标搜索、连接并发数过载及计算能力不足的问题,从而减少能耗,降低交互复杂度。

借助人机混杂社会关系,D2D网络通信能力通过个体移动性来扩展,社会关系中信任、连接强度、激励机制等能有效地提高邻近通信的安全性与连通性。考虑服务请求发起者的资源受限,且发起者在网络中移动,需要对周边群集设备中进行服务请求次级转发的邻居节点数量进行限制。如何选择合适的邻居节点进行连接?如何构建动态的临时性的局部D2D网络拓扑图?这与智能工厂场景中人机互操作接触行为及社会化关系密切相关。在智能工厂中,与预设的人机关系相似,隐式D2D社会关系包含三种类型:直接的人与人、人与设备、人干预下的设备与设备关系。

场景一:人与人交互受动态社会关系约束。智能工厂中,工人与客户的生产、商务及其他社会活动,受社会关系信任度的约束。人携带的智能设备自主识别、选择可靠的数据交换对象。人直接参与交互,使得服务请求驱动的社会关系成为人机交互的关键之一。如在智能工厂中工人的健康监测数据、安全预警信息广播,以及分布式仓储领域中安全机场或者港口重要场合的货物装卸、搬运设施,这些智能工业场景对安全规范和人机之间的信任度要求较高。

场景二:人有限干预下的D2D交互。智能工厂中,智能设备能从人预设的社会关系中获得服务交互的约束,从而提升自组织设备服务交互的可控性与安全性。在智能工厂工人安全预警场景中,大量的现场设备、移动工业机器人、环境传感器、执行器及工人可穿戴设备组建的D2D网络中报警信息数据的传播及通信的安全性和实时性异常重要。人机社会关系能促进这种场景下的信息交换,如社会关系网络中的信任关系强度、节点任务完成质量与激励措施,能诱导智能设备临时改变当前工作状态,产生新的交互行为。

场景三:智能设备自主产生非预设社会关系。智能工厂仓储物流环境下自主导引搬运机器人分享位置与局部实时地图信息,根据任务的相关性划分不同的协同社区,社区内部分享相似任务、倾向信息。AGV根据其各自功能、寿命、能耗、剩余搬运能力、规划路线等进行任务匹配与设备组合。这些匹配和组合行为,无须在每个环节体现AGV设备拥有者、搬运任务配置关系、工人所预设的设备节点与任务节点之间连接的社会关系。相比预设社会关系,设备在运行过程中产生的临时的、实时的社会关系及信任度,能更加有效地影响无线网络通信的性能。

4.4.2 社会关系辅助的人机设备无线连接机理

基于所提的人机混杂网络模型，在建立 D2D 无线通信前，智能通信网络及设备需要发现其 D2D 候选邻居节点，确认该候选邻居节点是否需要进行通信。这要求在探测帧扫描阶段，两个设备的信标波束在相同的时空进行探测，如此才能发现可匹配的候选邻居节点。如果当前扫描设备没有发现可匹配的候选邻居节点或者没有收到探测帧反馈，那两个设备节点只能继续进行随机探测帧扫描，这将导致网络低效和高能耗。相比无线数据传输阶段，探测过程所占的网络时间较长和消耗的能量较大。因此，待连接目标设备的盲目性无线探测将导致能量浪费问题。

人的移动模式具有时变性与异构性[114]，个体间动态的接触与行动轨迹可通过特定的移动模型进行动态建模[115]。人的参与增强了工业 D2D 网络的动态性，使得人与移动机器人节点间的无线探测帧扫描过程面临更大的挑战。特别地，智能工厂环境下实时数据流的传输要求高速、安全的无线网络环境，如智能机器人视频数据、现场设备关键生产数据、工人健康数据等。小型高频高带宽 Wi-Fi 或 5G 设备开始应用于工厂的智能机器人，使得智能设备无线通信具有波束成形方向性强、能量衰减迅速等固有特征，导致机器人在扫描邻居节点的过程中受探测方向、探测模式影响较大，如图 4-5 所示。然而，与随机探测移动模型相比，移动设备节点之间的社会关系通常在某一段时间内具有稳定性，可以使用社会网络关系信息辅助发现邻居节点，从而提升 D2D 通信的性能。因此，社会关系辅助无线网络通信策略具有提升人机混杂网络通信能力的潜力，即在建立 D2D 连接之前，使用社会关系连接增强网络的鲁棒性，对设备对进行探索和选择。

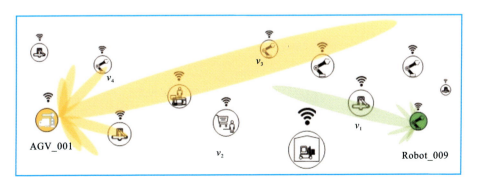

图 4-5　智能工厂中智能设备时变和异构无线网络探测帧的发射与接收

传统的社会关系辅助 D2D 方案基于固定中心覆盖基站,且基站总能获取全局网络的拓扑结构。与之相比,本书的研究建立在移动临时性基站与临时社会关系上,其服务消息传播机理如图 4-6 所示。源节点 UE_00(服务请求者)作为临时基站,其无线网络临时覆盖周边 D2D 设备,如 UE_01 与 UE_02;在波束

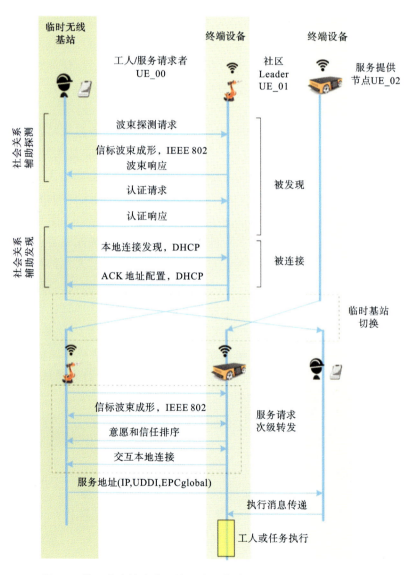

图 4-6 基于隐式社会关系辅助的对等体发现及临时基站切换机理

扫描阶段,借助临时构建的社会关系(社区与社区领导者 Leader),从群集的无线网络覆盖设备中选择倾向度最高的社区中心节点 UE_01,建立探测帧应答过程;执行授权应答机制(如 Wi-Fi 通信协议的 Wi-Fi Protected Setup 机制)后,建立直接的 D2D 连接,且在此阶段借助社会关系判断当前 D2D 连接地址是否匹配目标服务。若未匹配目标服务地址,则临时基站执行转移过程,具体如下:社区中心节点转换为临时基站,无线网络覆盖本社区的其他节点进行服务请求次级转发;社区内其他节点借助社会关系辅助寻找新中心节点 UE_02;初始源节点关闭基站模式(如 Wi-Fi Station 工作模式),停止参与消息传递,直至次级转发迭代找到目标服务地址。

从个体设备能耗视角分析,隐式社会关系辅助的 D2D 服务连接策略具有显著的节能优势。服务请求者仅需执行一次无线探测帧扫描,在社会关系辅助下探测帧直接扫描意向概率最高的潜在邻居节点,且其他设备交互次级迭代的环节,该节点切换至休眠模式;与传统的随机多次扫描相比,减少了无目的探索与连接的次数。从人机混杂交互的复杂度视角看,服务请求次级转发迭代的次数由节点社区关系辅助,根据转发概率与中心度排序,能选择有限个数的转发节点,该方法适合个体设备的计算能力与网络连接能力受限的场景。从网络总体效能视角看,扫描与连接过程中设备对总数决定了 D2D 设备对实际执行无线连接的总数,在社会关系约束下,有效减少了无目的扫描与连接的次数。因此,该机制利用社区和中心性的社会化特点来协助 ad hoc 通信网络中对等体的发现,实现潜在的 D2D 设备对探测能耗的优化,从而获得最佳的 D2D 通信性能。

为了实现上述机制,在社会关系层,挖掘某一段时间内节点的移动行为,构建人机混杂网络的隐式社会关系,并根据隐式社会关系中的社区及设备的社会化中心度对候选邻居节点的扫描、连接提供辅助。在无线通信层,构建带人倾向的交互消息传递节点选择策略,借助隐式社会关系约束实现人机交互的最大能效。

4.4.3 以人为中心的社会化无线网络模型

1. 社会化设备对设备增强连接图

针对社会化设备对设备的工业物联网体系架构,提出了社会化 D2D 图,如图 4-7 所示。基于此,从无线网络通信的角度,研究隐式关系约束下的人机混杂无线通信网络模型。与已有的社会感知的 D2D 网络研究相比,本书研究的特殊之处在于:在移动基站网络架构下,网络拓扑结构建立前,隐式的社会关系与局部无线连接具有未知性,需要通过分析网络节点个体一段时间内的互操作接触行为,预测与挖掘将要连接的候选邻居节点,从而构建当前时刻的局部网络拓扑结构。社会关系与无线通信连接的邻居节点选择结果受记录的时间区间影响。时间区间的长度 T_0,由人可穿戴设备或者智能机器的内存记录存储与处理能力决定,其中 $T_0 \subset T$,T 为设备内存记录的历史数据时长。在时间窗口 T_0 内,访问记录构建时间点 t 时刻的临时社会关系。受设备的内存空间限制,交互记录具有清除机制,时间较长或者重要程度较低的连接记录会被清除。

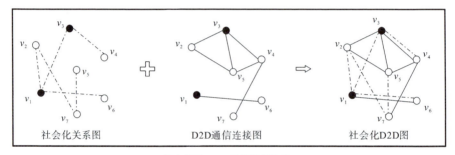

图 4-7 人机混杂的社会化 D2D 图

人机混杂交互系统的社会化 D2D 增强网络模型可划分为社会化网络层与物理通信网络层。社会化 D2D 增强网络图 $G_{enhanced}(V,E)$ 中的节点集合为 V,网络节点数量 $n=|V|$,每个物理设备对应社会网络中的一个节点。单位时间窗口 T_0 内网络中所有边的集合为 E。

在某时刻 t,社会化网络层无向边集合为 $E_{soc} \subset E$,社会化关系图记为

$$G_{soc}=(V,E_{soc}) \tag{4-1}$$

在设备对设备物理通信网络中,D2D 网络边集合 $E_{D2D} \subset E$,物理通信层的 D2D 网络图 G_{D2D} 为

$$G_{D2D}=(V,E_{D2D}) \tag{4-2}$$

则可得社会化 D2D 图为

$$G_{enhanced}(V,E)=(V,E_{soc} \bigcup E_{D2D}) \tag{4-3}$$

2. 以人为中心的社会化 D2D 无线通信网络模型

在以人为中心的物联网无线通信环境下,人或智能机器在移动和交互过程中建立的连接具有临时性、随机性、局部性,且动态的通信连接与社会关系纽带具有不确定性。基于该特征,利用局部网络节点分组操作、隐式社会关系辅助,

构建以人为中心的社会化 D2D 无线通信网络模型,如图 4-8 所示。在物理无线通信网络层,设备节点直接连接服务请求节点(临时基站),建立受物理位置和通信质量约束的 D2D 链路。智能工厂环境中,自动导引搬运机器人 AGV_001 发起服务请求,寻找配对的卸载工业机器人。AGV_001 作为临时基站,无线覆盖范围包含图 4-8 中所有群集的周边智能设备。AGV 由于网络连接数受限,带倾向地选择连接物理设备 $\{v_1, v_2, v_3, v_4\}$,临时基站网络覆盖范围内的其他设备按照 D2D 无线传输方式次级转发服务请求。在 D2D 网络的设备节点通信过程中,AGV 需要运行无线波束帧探测,以识别潜在的邻居节点,波束探测模式与方法直接关系到受限设备 AGV 的能耗与网络组网寿命。

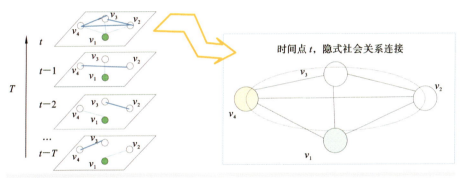

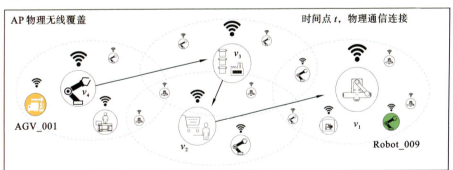

图 4-8 智能工厂以人为中心的社会化 D2D 无线通信网络模型

物理 D2D 无线通信网络的无线通道速率与信道噪声的经典数学模型已有很多文献报道[116]。

当前服务请求者的无线覆盖范围内的所有智能设备节点集合 $V=\{v_1, v_2, \cdots, v_k\}, k \in \mathbf{N}$,即移动基站 D2D 网络组网。设备节点 $i(i \in [1, k])$ 充当临时基站;与服务请求者直接交互的设备 $j(j \subseteq [1, k])$,其次级信道带宽权重为 w_j,其信号与干扰加噪声比(signal to interference plus noise ratio, SINR) SINR(n_j)[117]为

$$\text{SINR}(n_j) = w_j \log_2 \left(1 + \frac{P_j d_{ij}^{-\alpha}}{n_j w_j}\right) \quad (4-4)$$

其中,$P_j d_{ij}^{-\alpha}$表示连接设备节点j接收信号的能量,d_{ij}表示节点j与临时基站i的物理距离,网络协议的α因子范围为$[2,4]$。

在社会化网络层,无线通信网络的节点受局部稳定的社区和中心性等社会关系纽带约束,目标服务节点的无线连接地址需通过路由节点转发,如图4-8所示,$\{v_1, v_2, v_3, v_4\}$是各自社区的中心设备节点集合。在通过社区中心节点r转发时,移动基站i向社区内的设备节点j进行D2D网络连接。用户与目标服务节点连接的SINR为

$$\text{SINR}^{\text{SRD}}(n_{ij}) = \min \left\{ w_{ij} \log_2 \left(1 + \frac{P_j d_{ij}^{-\alpha}}{n_j w_j}\right), \frac{1}{2} \left[w_{ir}^{\text{SR}} \log_2 \left(1 + \frac{P_r^{\text{S}} d_{ir}^{-\alpha}}{n_r w_r}\right) \right. \right.$$
$$\left. \left. + w_{rj}^{\text{RD}} \log_2 \left(1 + \frac{P_j^{\text{R}} d_{rj}^{-\alpha}}{n_j w_j}\right) \right] \right\} \quad (4-5)$$

其中:w_{ir}^{SR}、P_r^{S}、d_{ir}分别表示移动基站设备向社区中心节点转发过程中的信道带宽权重、传输能量、物理距离;w_{rj}^{RD}、P_j^{R}、d_{rj}分别表示社区中心节点设备向社区内部目标设备转发的信道带宽权重、传输能量、物理距离。上述物理量的上标中,S代指source,表示源节点;R代指relay,表示转发节点;D代指destination,表示目标节点。

4.4.4 以人为中心的移动交互系统模型

为了定量研究人与邻近服务互操作的拥塞问题,构建人在回路的工业物联网人机互操作系统,如图4-9所示。人机互操作系统由两个回路组成:人的节点与本地服务提供节点组成的回路,在位置移动过程中进行D2D设备通信与服务连接;人的节点与云辅助的协调节点组成的回路,跨区域进行服务需求满足与网络社会关系更新。人作为一类特殊的服务提供节点,既获取周边服务又向邻近其他节点提供服务,提供无线通信与服务交互的接触记录。人在回路的D2D隐式直接交互元素包含人节点、邻近区域社会化设备节点、用户服务需求。每个节点包含位置、增强D2D连接关系、节点服务请求等服务属性。以下介绍人机互操作的模型。

1. 人节点

用户节点产生服务需求,并向邻近的服务节点发起服务请求。人机混杂网络社会化D2D增强网络图为$G_{\text{enhanced}}(V,E)$,服务节点集合为V。

第 4 章 以服务需求为中心的人机隐式交互机理

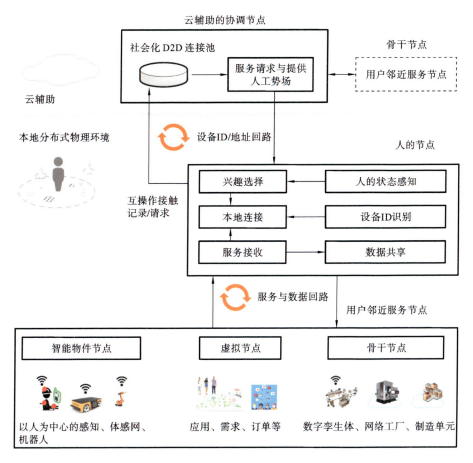

图 4-9 人在回路的工业物联网人机互操作系统

用户节点 $h(h \in V)$：

$$h = (A_{service}(h), A_{request}(h), L_h, G_{agent}(h)) \qquad (4-6)$$

其中：$A_{service}(h)$ 表示当前用户节点提供服务的代理集合，负责向邻近节点①提供原子服务，通过原子服务输入/输出二元组满足其他节点服务请求；$A_{request}(h)$ 表示当前用户节点包含的请求代理集合，负责向邻近节点发起服务请求，包含满足用户需求所需要的原子服务；L_h 表示用户节点地址，可以是 GPS 经纬度或者车间的网格或工位等逻辑地址；$G_{agent}(h)$ 表示用户节点 h 内服务代理连接关系

---

① 邻近节点是指网络拓扑结构图内或者在某个节点无线网络覆盖范围内的其他节点。这些节点之间不一定直接相连，甚至可以无连接，如无数据通信的孤立节点、通过多跳连接的节点。

图,包含人机互操作中服务代理的D2D无线连接关系约束、设备服务节点D2D接触记录、服务节点预设社区约束等。

2. 邻近区域社会化设备服务节点

人周边环境群集的工业物联网智能设备提供服务与请求。本地智能设备服务提供节点(即社会化设备服务节点)$d(d\in V)$:

$$d=(A_{service}(d),A_{request}(d),L_d,G_{agent}(d),b_{hd}) \quad (4-7)$$

其中:$A_{service}(d)$、$A_{request}(d)$、L_d、$G_{agent}(d)$含义分别与$A_{service}(h)$、$A_{request}(h)$、L_h、$G_{agent}(h)$的类似;b_{hd}表示服务节点d对用户节点h的可用状态,为布尔参数Θ,活动状态时为"1",非活动状态时为"0"。

3. 用户服务需求

用户节点的服务需求通过带倾向选择的一组邻近设备节点集合满足。用户节点h的服务需求模型a为

$$a=(\tau(h),L(x,y,R)) \quad (4-8)$$

其中:$\tau(h)$表示满足用户节点h服务需求的服务节点集合;$L(x,y,R)$表示用户请求的触发区域,(x,y)表示用户节点h的位置,R表示用户节点h无线覆盖范围半径。

服务节点$i\in\tau(h)$,其服务提供代理集合为$A_{service}(i)$。满足用户节点h服务需求的服务节点集合$\tau(h)=\{1,2,\cdots,k\}$,$k\in \mathbf{N}$,$\mathbf{N}$为自然数,则服务提供能力可使用服务代理描述。若用户节点h的需求为$A_{request}(h)$,则满足该需求的服务提供代理集合$\tau_{agent}(h)$为

$$\tau_{agent}(h)=\{A_{service}(i)\},\quad i\in[1,k] \quad (4-9)$$

其中:$A_{service}(i)$表示服务节点i的服务提供代理集合;k表示满足用户节点h的服务节点数量。

4.5 人机隐式互操作关键技术

4.5.1 人机互操作的服务直接引用范式

基于人机服务封装技术,人与工业物联网环境具有相同的逻辑结构,在设备与服务层具有D2D网络结构。在人机D2D直接交互过程中,借助社会化设备网络辅助,体感网探测周边的可连接智能设备,从该智能设备获取满足需求的联盟设备的访问地址列表,而不需要与周边大量的其他节点逐一进行物理接触和请求。一个工业生产任务通过人与周边设备传递服务需求引用ID列表来

完成,根据轻量化的服务标识协议,该过程由人向列表服务地址对应的智能设备内置服务器直接请求控制。基于该思想,服务和数据由本地智能物件提供,人对服务的请求访问不需要通过中心网络,也不改变周边其他智能设备的生产任务。

人机服务直接互操作的一般流程如图 4-10 所示。

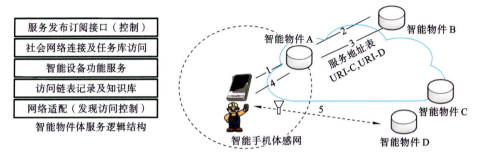

图 4-10 m-service 逻辑结构及人机服务直接交互流程

步骤 1:网络适配层无线识别发现智能设备 A,交换 ID;

步骤 2:根据 ID 查询连接关系,若本地设备 A 知识库无相应服务,将消息转发给联盟设备 B,查询邻居设备 B 的知识库;

步骤 3:智能物件向用户推荐服务,提供设备 C 与设备 D 的链表地址;

步骤 4:智能手机获得链表地址,根据用户兴趣主动筛选,发现能提供当前所需服务的设备 D 地址;

步骤 5:根据地址直接访问设备 D,获取服务。

4.5.2　人机互操作的记录分布式存储技术

通过服务索引地址或标识,人机互操作的记录被动态添加至本地设备的内存空间。互操作记录为服务动态关联、非预设社会关系挖掘提供数据支持。智能工厂车间中人与智能设备的加工过程、事件、服务质量等,以 XML 文件脚本的形式存储在设备内存。由于内存容量有限,智能物件不能增量存储所有的连接记录。依据服务质量和当前应用需求,按照规则优先级,访问记录由内存服务器端转存或本地轮询执行删除操作。

人机服务直接交互范式表明,服务互操作的输出结果为设备标识(identification,ID)集合。通常,服务 ID 通过中心化对象名称服务(object name service,ONS)解析,用户安装 ONS 客户端获得服务数据。但集中式服务解析并不适用于本书所提的分布式工业物联网架构，且需要解决分布式工业物联网服务动态标识、控制、直接引用的问题。文献[118]提出了一种面向终端设备的改进 EPCglobal 协议，在 Auto-ID 服务动态标识机制基础上新增控制标签、服务属性标签、服务直接应用规则。因此，可采用该轻量化 EPCglobal 协议，动态地添加人机互操作记录及实现其分布式存储。

以汽车轮毂组装过程中的动态封装为例，汽车轮毂服务属性封装与动态标识过程如图 4-11 所示。在图 3-3 所示场景中，仓库巡检员访问轮毂内置服务器，检查仓库货架轮毂样品信息。图 4-12 所示为巡检员获取的轮毂样品服务属性封装代码，该代码包含轮毂自身服务引用地址 CarWheel S.ID、服务描述及参数数值、内存空间的其他交互记录。其中，内存空间分别存储组装工人的组装

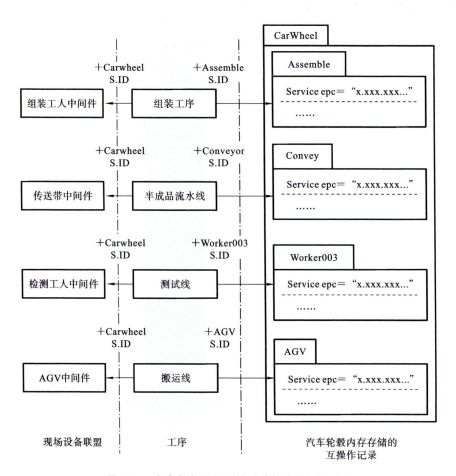

图 4-11　汽车轮毂服务属性封装与动态标识过程

服务标识 Assemble S.ID、制造单元传输机服务标识 Conveyor S.ID、车间工人服务标识 Worker003 S.ID、移动搬运机器人标识 AGV S.ID。轮毂从材料到成品过程中,各加工流程分别与这四种物联网制造资源交互,通过服务标识交换 ID,将接触的互操作设备服务索引记录在轮毂内存空间。同时,参与交互的这四种制造资源均更新自身本地内存数据:连接库、轮毂服务索引记录。通过时间戳关联,在交互的社会化设备网络中可实现生产环节的信息查询。通过服务标识访问技术,可直接获取关联的服务及其属性的实时、历史数据流。

```
//汽车轮毂服务属性动态封装
< Service epc= "xx.xx.xxx..."/>      //EPCglobal 轮毂服务 Carwheel S.ID
< label> Carwheel S.ID< /label>
< Product Code> < /ProductCode>
< Lifetime> < /Lifetime>
< Data> {"location", S.loc(), "Link",S.Link(), "",""}< /Data>
                                     //轮毂服务参数
< InterOperationRecords>             //轮毂在生产过程中携带的周边设备信息
< label>  Assemble S.ID< /label>     //接触记录
< timestamp> < / timestamp >
< label> Conveyor S.ID< /label>
< timestamp> < / timestamp>
...
< subData> < /subData> < /InnerRecords>
```

图 4-12　汽车轮毂服务属性封装与动态标识代码片段

4.6　本章小结

本章就以服务需求为中心的人机隐式交互机理开展了一系列研究工作:
(1) 研究了人与邻近智慧物流服务的发现机制及存在的问题;
(2) 从智能工厂无线网络新特征、无线通信网络模型、人的移动性等方面,探索了以服务需求为中心的人机隐式交互机理;
(3) 讨论了人机隐式互操作模式下人机服务直接引用关键技术。

第 5 章
基于多代理系统的物流服务建模

5.1 引言

在第 4 章所提的人机互操作机理下,人与物流服务高度混杂、自组织且动态连接网络,这使得服务连接与组织异常困难。特别地,在智能工厂场景下,人的不确定性非固定节拍操作、物流设备的复用与多功能再配置、人机服务临时切换与连接等,使得传统的服务组合方法不符合当前人的请求与物流服务之间的多对多关系需要。多代理系统通常用来解决多需求多目标的动态选择与决策问题。因此,本章考虑将一个智能设备所提供的服务划分为若干具有最基本功能的服务单元,将人的需求划分为若干服务请求,借鉴多代理系统方法构建智能物流服务模型。

5.2 工业物联网服务多代理架构

智能工厂中,人与工业物联网环境的服务组合具有柔性,且人机交互具有离散性。多代理技术是描述人与智能设备交互[119]及柔性制造[120]问题的经典方法之一。因此,可引入多代理技术,构建人机服务"请求-提供"代理交互架构。人机服务节点既能提供服务又能发起请求,一个服务节点同时包含服务提供代理与服务请求代理。服务代理间的消息传递方式有三种:在服务提供节点内服务提供代理与服务请求代理交互,驱动自身服务改变状态,从而控制设备工作任务;不同服务提供节点之间的代理进行外部信息传递,驱动邻近服务改变状态,从而控制邻居设备;不同服务提供节点借助第三方云辅助的协调节点的代理进行外部信息传递,驱动邻近服务改变状态,从而控制邻居设备。人机互操作的服务属性触发事件(event,Ev)驱动请求代理发起服务需求。

以车间物流人与 AGV 协同搬运为例,人机服务多代理架构如图 5-1 所示。

工人产生搬运服务需求,以服务请求代理的形式,向邻近的 AGV 及现场设备发送搬运请求信息。该搬运请求信息由一组搬运原子服务组成。邻近 AGV 具有提供原子搬运服务的能力,以一组服务提供代理响应搬运任务中的服务请求代理。根据 AGV 个体自身搬运原子服务的数量,AGV 之间通过服务代理的消息传播进行信息代理交互,形成 AGV 搬运联盟来满足用户搬运需求。因此,人机服务节点的交互可通过服务代理间的消息传播过程描述。

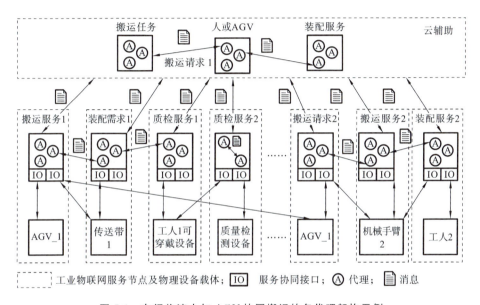

图 5-1 车间物流人与 AGV 协同搬运的多代理架构示例

以人与 AGV 协同搬运的多代理系统案例中代理消息传递与服务状态流动性为例,验证服务代理交互对人机互操作动态性的支持,如图 5-2 所示。装配线上工人组装汽车轮毂总成,当前时刻工人完成半成品装配,需要将半成品搬运至仓库存储,这时通过人节点服务请求代理,以消息的形式向邻近的 AGV 发送服务请求信息,该信息为搬运请求 Req♯1、Req♯2,流动地获得 AGV 搬运服务。

步骤 1:服务请求发起。人节点服务请求代理产生搬运需求 Req♯1,并通过无线识别,触发周边邻近 AGV_1 的搬运服务。将代理请求消息发送给 AGV_1 的服务提供节点 S_1。

步骤 2:服务请求接收与转发。AGV_1 服务节点 S_1 中的服务提供代理和服务请求代理通过无线识别事件 Ev_0 发出 AGV_1 服务状态变化请求,AGV_1 服务提供节点当前时刻已经装载满配件或半成品,无法提供搬运任务,并直接将

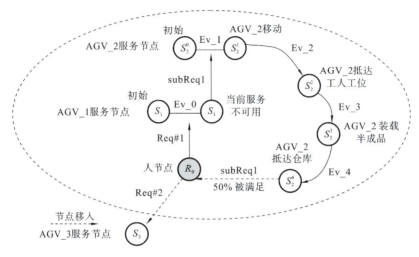

图 5-2　装配线上工人与 AGV 的服务与请求代理交互示例

人的搬运需求转发至邻近区域的 AGV_2 服务节点。

步骤 3：服务请求接收与提供服务。AGV_2 服务节点的服务提供代理接收服务请求 subReq1，根据请求包含的事件 Ev_1，触发服务节点 S_2 的服务提供代理响应并执行搬运功能，服务状态由 S_2^0 变为 S_2^1。根据交互的触发事件（如 RFID 识别、RSSI 定位等），AGV_2 服务节点的状态依次变为 S_2^2、S_2^3、S_2^4，直至结束服务，并反馈服务提供参与率 W_i，$W_i=0.5$。

步骤 4：服务请求流动性更新。当前时刻 t，人节点根据节点 S_2 反馈的剩余服务产生请求 $ReqS_t$。在人移动后的新位置，人节点向邻近设备 AGV_3 发起新一轮请求 Req♯2。

其中：AGV_1 服务节点既能提供搬运服务，也能向周边节点发起搬运请求；根据工人的搬运服务请求，AGV_2 在服务执行过程中受触发事件 Ev 影响，服务的状态和提供的搬运能力具有流动性。通过邻近的 AGV 服务节点联盟提供原子服务，工人的服务需求得到部分满足，服务请求代理和服务提供代理的数量具有流动性。人机服务节点互操作的动态性可通过服务代理的信息传递过程描述。

5.3 位置约束的多代理系统模型

服务代理的载体为无线设备,因此,服务代理的消息传递受 D2D 无线通信范围的约束。可考虑 D2D 通信距离约束,扩展多代理系统模型,构建人与工业物联网服务直接交互的多代理系统。扩展多代理系统模型,描述人机服务直接交互的服务请求、服务组合、消息传递、连接与通信等。已有的服务动态组合多代理系统研究表明,理想情况下,服务请求代理能获取用户个性化请求,服务提供代理之间能交互提供服务[121]。本章所提的人机互操作系统面向如下新特征:服务节点设备既能提供服务又能发起服务请求;分布式的服务节点之间存在 D2D 无线连接;每个服务节点包含服务请求代理与服务提供代理。基于此,引入图论,构建人机服务互操作的多代理系统图,如图 5-3 所示。

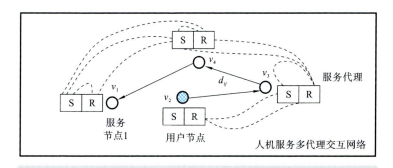

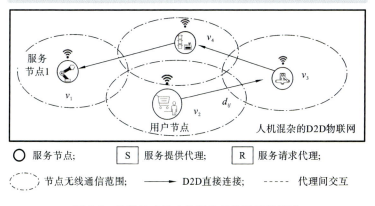

图 5-3 位置约束的人机服务多代理系统模型

人机服务社会化 D2D 增强网络图表示为 $G_{enhanced}(V,E)$,其中,V 表示服务节点集合,E 表示服务节点的 D2D 无线连接。

一个服务节点 $i(i\in V)$ 一般包含两类代理集合:服务请求代理集合 $A_{request}(i)$ 与服务提供代理集合 $A_{service}(i)$。考虑人机 D2D 服务节点交互代理受本地 D2D 无线通信物理距离约束,则服务节点 $i(i\in V)$ 的邻居服务代理集合 $A_{neighbor}(i)$ 为

$$A_{neighbor}(i)=\{A_{request}(j)\bigcup A_{service}(j):j\in N(i),d_{ij}\leqslant R\} \quad (5-1)$$

其中:服务节点 j 为服务节点 i 的邻居节点,$N(i)$ 表示服务节点 i 的邻居节点集合,R 为服务节点无线通信范围半径,d_{ij} 为服务节点 i 与 j 间的距离。

(1) 用户服务需求。

用户节点 h 发起服务请求,该服务需求由邻近服务节点提供的一组原子服务集合 $S_{request}(h)$ 满足:

$$S_{request}(h)=\{s_1,s_2,\cdots,s_n\},\quad n\in[0,N_h] \quad (5-2)$$

其中:s_i 表示原子服务;N_h 表示节点 h 的服务需求中包含的原子服务总数。针对人与工业机器人的具体功能需求,人机节点请求代理集合 $A_{request}(h)$ 中包含一组原子服务输入/输出二元组。服务节点通过服务请求代理接收其他节点请求,通过服务提供代理向其他节点提供原子服务。

(2) 邻近设备节点的服务提供。

邻居节点 j 提供服务,该服务由一组原子服务提供,该原子服务集合 $S_{provide}(j)$ 为

$$S_{provide}(j)=\{s_1,s_2,\cdots,s_m\},\quad m\in[0,N_h] \quad (5-3)$$

其中:s_i 表示各个服务的输入和输出二元组。每个原子服务仅分别有一个输入和输出,$s_i=\{(Inp_k^i,Outp_k^i):i\in \mathbf{N},k\in[0,N_h]\}$,$N_h$ 为原子服务总数。若 $N_h=0$,表示该节点设备不提供任何服务或当前状态下不对外提供服务。如车间物流人与 AGV 协同搬运场景中,搬运原子服务 $s_i=(Inp_k^i,Outp_k^i)$ 以单个工件的搬运服务为例,则输入表示单个工件在工位等待搬运,输出表示该工件抵达立体仓库。若某 AGV 响应搬运任务时已被其他工人加载工件,当前无剩余搬运能力,无法提供服务,则 AGV 搬运服务提供代理数量为 0。

根据节点 h 的服务需求,邻居节点 j 提供原子服务集合中被用户节点 h 选择的原子服务集合 $S_{select}(j)$ 为

$$S_{select}(j)=S_{request}(h)\bigcap S_{provide}(j) \quad (5-4)$$

则获得节点 j 提供的服务后,用户节点 h 当前剩余的服务请求所需原子服务集合为

$$S'_{request}(h)=S_{request}(h)-S_{select}(j) \quad (5-5)$$

(3) 邻近设备节点的服务请求队列。

每个服务节点 j 的服务请求代理集合 $A_{request}(j)$ 创建一个请求队列,存储等待节点 j 提供服务的服务请求。

$$Que(j) = \{S_{select}(1), S_{select}(2), \cdots, S_{select}(k)\}, \quad k \in [1, |N(j)|] \quad (5-6)$$

其中:$N(j)$ 表示服务节点 j 的邻居节点集合,$S_{select}(k)$ 表示节点 j 等待向节点 k 提供的原子服务集合。

根据上述人机服务互操作的多代理系统模型,用户需求满足过程可视为服务请求代理和服务提供代理数量的变化过程。对于一个给定用户节点 $h(h \in V)$ 的服务需求 $S_{request}(h)$,通过邻近设备的服务节点内置代理之间的交互,所有的二元组服务请求都可被满足,实现了动态环境下的人机服务互操作。

5.4 人机服务需求人工势场模型构建

5.4.1 以用户需求为中心的人工势场建模

本书从个体服务的请求视角,以用户需求为中心,构建人机服务需求的人工势场模型,如图 5-4 所示。基于流动需求及位置约束的多代理系统,服务请求代理与服务提供代理具有"多对多($m:m$)"的映射关系,使得人周边的服务代理交互异常复杂,且不同类型代理具有相互"吸引"的特点。一旦产生用户请求代理,邻近区域群集的原子服务同时响应,导致人机服务互操作中的拥塞问题更加突出。亟须设计一种筛选机制,提升互操作的均衡性。人工势场方法用于解决人因自动化[122]、移动机器人路径规划[123]等问题,其基本思想是以一种人工虚拟受力场的引力与斥力模型构建真实物理世界中移动机器人的运动与位置布局。人工势场能求解多对多的选择与优化问题,通过节点斥力提升节点间的离散度。因此,引入人工势场理论,研究分布式、动态工业物联网服务节点选择问题。

人机服务需求势场(request potential field,RPF)模型用于保证用户发起的服务请求通过邻近的服务节点提供的服务满足,如图 5-4 所示。借鉴电场理论中电荷量、电场强度、静电力常量、电荷间距等参数概念,构建服务需求势场。每个设备和人节点均包含服务请求代理与服务提供代理。服务代理视为带电粒子,根据服务代理之间的合力,用户服务请求节点对邻近设备服务节点进行选择。人机服务需求势场的基本思路如下:在每个服务节点的请求队列中,存在一定数量的服务请求代理,产生需求势场;邻近其他服务节点的服务提供代

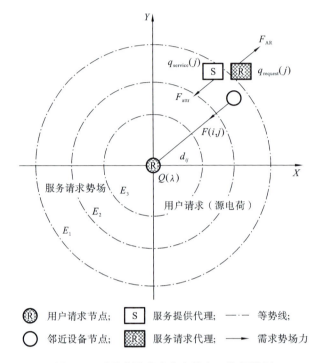

图 5-4 以用户需求为中心的人工势场模型

理作为目标点,在需求势场中产生引力,而邻居服务节点请求队列中的服务请求代理作为障碍物产生斥力;引力与斥力共同作用,驱动一个用户的服务请求代理将服务请求发送给周边最合适的服务提供代理,从而满足该用户的服务需求。为简化模型,本书仅考虑原子服务的数量流动性与位置因素,作为候选服务提供代理的筛选指标。其数学建模过程如下。

1. 用户节点服务需求势场

(1) 需求匹配率。

需求匹配率是指邻近服务节点满足用户服务请求的比例,表征为服务节点向当前用户提供服务的能力。

(2) 用户服务请求代理电荷量。

用户节点 $h(h \in V)$ 发起服务请求,服务需求表征为满足该需求所需的原子服务数量。为了屏蔽个体节点的服务能力差异,进行归一化处理。设用户节点 h 的服务请求代理 $A_{request}(h)$ 的电荷量为

$$Q(h) = 1 \tag{5-7}$$

用户需求电荷产生需求势场。

2. 邻近服务节点的服务提供代理所受引力

(1) 设备节点的服务提供代理电荷量。

邻近服务节点 $j(j \in V)$ 的服务提供代理 $A_{\text{service}}(j)$ 作为带电粒子,其提供给用户节点 h 的原子服务数量比例作为电荷量 $q_{\text{service}}(j)$:

$$q_{\text{service}}(j) = \frac{|S_{\text{request}}(h) \cap S_{\text{provide}}(j)|}{|S_{\text{request}}(h)|} \quad (5\text{-}8)$$

其中:$S_{\text{request}}(h)$ 表示用户节点 $h(h \in V)$ 的服务需求中包含的原子服务集合;$S_{\text{provide}}(j)$ 表示服务节点 j 提供的原子服务集合;$|S_{\text{request}}(h)|$ 表示用户节点 h 所需原子服务数量;$|S_{\text{request}}(h) \cap S_{\text{provide}}(j)|$ 表示服务节点 $j(j \in V)$ 能提供且满足用户节点 h 需求的原子服务数量。

$q_{\text{service}}(j) \in [0,1]$,当服务节点 j 不提供服务时,$|S_{\text{request}}(h) \cap S_{\text{provide}}(j)| = 0$,则 $q_{\text{service}}(j) = 0$;当服务节点 j 能独立提供用户节点 h 所需全部服务时,$S_{\text{request}}(h) \cap S_{\text{provide}}(j) = S_{\text{request}}(h)$,则 $q_{\text{service}}(j) = 1$。因此,电荷量与服务节点的服务提供能力成正比。

(2) 设备节点的服务提供代理所受引力。

由电场的库仑定律(Coulomb's Law)可知,电荷之间的相互作用力同它们的电荷量乘积成正比,与它们之间距离的平方成反比,且同性电荷相斥,异性电荷相吸。设服务请求代理与服务提供代理为异种电荷,则设备服务节点 j 置于用户节点 h 的需求势场中,在两个连线方向,服务请求代理与服务提供代理之间的虚拟引力 F_{attr} 为

$$F_{\text{attr}}(A_{\text{request}}(h), A_{\text{service}}(j)) = (k_0 \cdot Q(h) \cdot q_{\text{service}}(j))/d_{hj}^2 \quad (5\text{-}9)$$

其中:k_0 是服务能力常量;d_{hj} 是用户节点 h 到服务节点 j 的距离。

经典电场是连续的物理空间,本节所提的人与工业物联网交互方式为本地D2D,用户与邻居服务节点的跳数为"1"。服务代理通信受服务节点通信模式约束,可认为服务代理节点间距为"1"。为简化模型,暂不考虑工业物联网个体服务类型的差别,人机服务节点的服务处理能力相同。

令 $k_0 = 1$,$d_{hj} = 1$,将公式(5-8)代入公式(5-9),可得用户需求引力:

$$F_{\text{attr}}(A_{\text{request}}(h), A_{\text{service}}(j)) = \frac{|S_{\text{request}}(h) \cap S_{\text{provide}}(j)|}{|S_{\text{request}}(h)|} \quad (5\text{-}10)$$

其中,$F_{\text{attr}}(A_{\text{request}}(h), A_{\text{service}}(j))$ 简记为 F_{attr},且 $F_{\text{attr}} \in [0,1]$,无量纲。$F_{\text{attr}} = 0$,表示服务节点 j 受到用户节点 h 的引力为 0,表征用户节点 h 请求队列的二元组无法获得服务节点 j 的原子服务;$F_{\text{attr}} = 1$,表示服务节点 j 受到用户节点 h

的引力为1,表征用户节点 h 请求队列的所有二元组均能获得服务节点 j 的原子服务。

为了验证定义的合理性,以车间人与 AGV 协同搬运为例来说明。工人节点 A 在工位产生搬运服务需求,工人节点的服务请求代理包含20个原子服务二元组。在邻近区域存在提供搬运服务的 AGV 设备节点 B 和 C。节点 B 包含100个空闲搬运原子服务,其中90个搬运原子服务等待响应其他节点的服务请求代理,仅能提供10个搬运原子服务给节点 A 的服务请求代理。节点 C 包含20个空闲搬运原子服务,能提供20个搬运原子服务给节点 A 的服务请求代理。那么 $F_{attr}(A,B)=0.5, F_{attr}(A,C)=1$。节点 B 的服务能力大于节点 C,但仅考虑工人节点 A 所需的服务二元组,$F_{attr}(A,B)<F_{attr}(A,C)$,故优先选择 AGV 设备节点 C。由此可见,引力定义能有效避免邻近节点服务能力的个体固有差异而仅考虑邻近节点对当前用户个体提供的有效服务能力。

3. 用户服务请求代理拥塞场及其斥力

由式(5-6)可知,服务节点 j 的服务请求代理由其他节点请求队列组成,该队列包含等待被服务的其他节点服务请求。服务节点 j 同时接收用户节点 h 和其他服务节点的服务请求。当用户节点 h 向服务节点 j 发起请求时,服务节点 j 的等待被服务队列产生拥塞,不能单独为用户节点 h 提供服务。其他服务节点在节点 j 中等待被提供服务的比例可作为服务节点 j 的筛选指标。

(1) 用户服务请求代理拥塞度。

邻近服务节点 j 的服务请求序列中,非用户节点 h 占用的等待被服务原子服务数量与该服务节点 j 所有待服务原子服务数量的比称为用户服务请求代理拥塞度,表征服务节点 j 不对用户节点 h 提供服务的强度。

(2) 用户服务请求拥塞场电荷量。

用户节点 h 为服务请求发起节点,自身无法响应自身的服务请求。为便于进行归一化处理,可设当前用户节点 h 的请求拥塞场电荷量为

$$Q_{AR}(h)=1 \tag{5-11}$$

(3) 设备节点的服务请求代理拥塞场电荷量。

将服务节点 j 的请求序列中用户服务请求代理拥塞度作为电荷量 $q_{request}(j)$:

$$q_{request}(j)=\frac{-\left|\bigcup_{k=1}^{K}S_{select}(k)\right|}{\left|\bigcup_{k=1}^{K}S_{select}(k)\right|+\left|S_{request}(h)\bigcap S_{provide}(j)\right|} \tag{5-12}$$

其中:$\left|\bigcup_{k=1}^{K}S_{select}(k)\right|$ 表示服务节点 j 等待向周边节点 $k(k\in K)$ 提供原子服

务的数量，$K(K\subseteq N(j))$ 表示服务节点 j 的邻居服务节点集合；$|S_{\text{request}}(h)\cap S_{\text{provide}}(j)|$ 表示节点 j 等待向用户节点 h 提供原子服务的数量。$q_{\text{request}}(j)\in[-1,0]$。

若服务节点 j 没有其他节点的待服务请求，仅为当前节点 h 提供服务，节点 j 具有较低拥塞度，即 $\left|\bigcup_{k=1}^{K}S_{\text{select}}(k)\right|=0$，则 $q_{\text{request}}(j)=0$。若当前服务节点 j 同时存在大量其他节点的待服务请求，待服务数量远大于用户节点 h 的待服务请求数量，节点 j 具有极高的拥塞度，即 $\left|\bigcup_{k=1}^{K}S_{\text{select}}(k)\right|\to\infty$，则 $q_{\text{request}}(j)=-1$。因此，负电荷量的绝对值与拥塞度成正比。

（4）用户与设备服务节点拥塞场斥力。

同上，根据电场的库仑定律，可得用户节点 h 的服务请求代理对服务节点 j 的服务请求代理的斥力 $F_{\text{AR}}(A_{\text{request}}(h),A_{\text{request}}(j))$：

$$F_{\text{AR}}(A_{\text{request}}(h),A_{\text{request}}(j))=\frac{-\left|\bigcup_{k=1}^{K}S_{\text{select}}(k)\right|}{\left|\bigcup_{k=1}^{K}S_{\text{select}}(k)\right|+|S_{\text{request}}(h)\cap S_{\text{provide}}(j)|} \tag{5-13}$$

其中，斥力 $F_{\text{AR}}(A_{\text{request}}(h),A_{\text{request}}(j))$ 简记为 F_{AR}，且 $F_{\text{AR}}\in[-1,0]$。

4. 势场耦合的合力

需求势场与需求拥塞势场下，用户节点 h 的服务请求代理对邻近服务节点 j 内的服务提供代理与服务请求代理分别产生引力、斥力作用。用户节点 h 选择服务节点 j 的评价指标为势场耦合合力，即

$$F(h,j)=\sigma\cdot F_{\text{attr}}+(1-\sigma)F_{\text{AR}} \tag{5-14}$$

其中：$F(h,j)\in[-1,1]$；σ 为引力与斥力耦合参数，$\sigma\in[0,1]$，表示两种势场的影响程度。若 $\sigma=1$，表示仅考虑用户需求势场；若 $\sigma=0$，表示仅考虑用户需求拥塞势场。

5.4.2 用户邻近服务时空划分模型

用户的移动性使得邻近服务节点集合具有时空分布的特点，即由于服务节点受 D2D 通信约束，用户在移动到下一个位置前，在当前位置仅需与该区域的节点进行连接；在用户发起下一次服务请求前，在服务请求时间间隔内，D2D 服务节点间通过通信与社会化接触，使得满足用户需求的邻近区域的候选节点增加。因此，可以考虑借助位置触发，对邻近区域的服务节点进行筛选。

1. 以用户节点为中心的物理位置网格划分

由于用户物理位置的移动性，其邻近区域的候选节点集合动态变化。以用户当前位置为中心，将邻近区域划分为二维网格，为构建人机混杂网络图提供基础。

若人机混杂网络节点集合为 V，用户节点 $h(h \in V)$ 的服务请求发起的位置为 $L(x_h, y_h)$，则邻近服务节点 $j(j \in V)$ 的服务响应位置为 $L(x_j, y_j)$，节点 j 二维网格划分的单元网格位置为

$$\text{Grid}[m][n], \quad m = \left\lceil \frac{x_h - x_j}{\lambda} \right\rceil, \quad n = \left\lceil \frac{y_h - y_j}{\lambda} \right\rceil \tag{5-15}$$

其中：λ 表示物理空间单元网格划分长度，该参数是 D2D 直接互操作中邻居无线探测的步长，$\lambda \leqslant R$，R 表示物体通信范围半径；$m, n \in \mathbf{N}$，且 $m, n \leqslant \left\lceil \frac{R}{\lambda} \right\rceil$。由此可见，一个单元网格内可存在多个服务节点。对于用户感兴趣区域的服务节点集合，单元网格长度 λ 越大，在单元 $\text{Grid}[m][n]$ 位置的服务节点数量越多。

用户节点 h 的网格位置矩阵元素 $\text{Grid}[m][n]$ 可通过数据结构存储方法，以链表的形式存储为一维数组。用户节点 h 的邻近区域网格划分数组记为 $G_\lambda[i]$，$i \in [1, N_{\max}]$，其中 $N_{\max}$ 表示用户节点 h 无线覆盖的邻近网格划分的单元网格总数（划分示意图如图 6-2 所示）：

$$N_{\max} = (2\lceil R/\lambda \rceil + 1)^2 - 1 \tag{5-16}$$

在给定的单元网格划分长度 λ 下，用户节点 h 邻近设备服务节点集合 $N(h)$ 为

$$N(h) = \{V_1, V_2, \cdots, V_i\}, \quad i \in [1, N_{\max}] \tag{5-17}$$

其中：V_i 表示第 i 个单元网格内一组服务节点的集合。

2. 用户需求发起时间间隔与单元时间窗划分

由 3.3.5 节可知，智能工厂环境下人机交互的触发因素复杂，且人的需求倾向具有时变性与不确定性。为简化人机交互模型的构建，本书选取用户移动中服务请求发起区域所在的位置作为倾向约束指标。

在单元时间 Δt 内，用户节点 h 在 t_{current} 时刻发起服务请求后，其邻近区域满足该需求的服务节点集合 $\tau^*(h)$ 为

$$\tau^*(h) = \tau(h) \bigcap N(h),$$

且有

$$\min_{t - t_{\text{current}}} \{t: \| L_d(t) - L_h(t) \| \leqslant \lambda, |t - t_{\text{current}}| \leqslant \Delta t\} \tag{5-18}$$

其中:λ 表示单元网格划分长度;Δt 为单元时间划分长度。

假设在单元时间 Δt 内,用户保持与所在单元网格内节点的无线通信。对于给定邻近服务节点集合,时间划分长度 Δt 越长,用户邻近区域满足用户服务约束条件的服务节点越多。

由于用户节点位置具有移动性,单位时间间隔内邻近区域的服务节点动态变化。

在一段用户服务请求时间间隔 $I_{request}$ 内,用户节点感兴趣区域满足其需求的服务节点集合 γ_h^* 为

$$\gamma_h^* = \bigcup_0^k \tau^*(h), \quad 0 \leqslant k \leqslant \lceil I_{request}/\Delta t \rceil \tag{5-19}$$

其中:$I_{request}$ 表示用户节点发起下一次服务请求的时间间隔。

服务节点集合 γ_h^* 包含的服务节点数量与时空划分粒度 λ、Δt 密切相关,需要通过智能算法实现服务节点集合的筛选。

5.5　本章小结

本章开展了如下研究工作:

(1) 借鉴多代理系统构建了工业物联网服务多代理架构;

(2) 在上述多代理架构基础上,提出了人与机器携带的无线通信模块受通信距离限制的多代理人机交互系统;

(3) 研究了智能物流服务网络中基于人需求的人工势场模型的构建。

第 6 章
按人需求的目标服务发现方法

6.1 引言

根据第 3 章介绍的人机服务集成技术,人与工业物联网设备既提供服务又请求服务。在高度离散化、扁平化、群集的工业 4.0 环境下,人机服务请求与提供存在均衡性问题。一方面,人及其体感网设备(如智能手环、驾驶的叉车、人携带的智能运输推车等)的处理能力有限,且人在工业物联网中的需求数量具有流动性,易出现局部位置服务数量过载现象,引发人邻近区域群集服务拥塞问题。另一方面,工业具体业务应用及智能工厂的固有物理设备布局不均匀,造成局部服务稀疏问题,导致人在工业物联网环境服务稀疏区域中的服务数量不足,无法满足需求。因此,需要探索分布式环境下人与工业物联网服务选择均衡性问题。

特别地,在智能工厂车间物流人机混杂场景下,工业物联网设备与制造资源的虚拟化,使得数量庞大、种类繁多的工业物联网服务需借助云平台来实现智能生产管理与重用。如生产线上工人装配需求通过装配流程关系被逐级划分为单元子任务或子需求,生产设备及物流制造单元虚拟化为原子制造服务,这就将生产物流问题转化为云端原子服务与原子需求匹配的组合规划问题[124]。然而,在第 3 章提出的新架构下,服务虚拟化、服务自组织、生产物流服务知识库等从云端转移到分布式工业物联网终端设备个体。人与工业物联网设备使用相同的通信技术和中间件逻辑结构,且服务请求与服务提供的组合受个体的物理位置和生产属性约束。如智能车间 AGV、工人体感网设备、仓库设备动态地分享彼此位置、运载能力、工件堆积数量等,依据搬运位置与生产属性动态地形成设备服务联盟,以满足实时物流搬运需求。生产物流问题可转化为分布式个体设备的服务获取问题。因此,可考虑如何在用户需求流动性、位置移动性下,对动态的分布式工业物联网服务进行筛选,解决服务发现中的拥塞问题。

6.2 服务代理网络内服务节点发现技术

由 4.3 节人机互操作的服务拥塞问题分析可知,服务节点及其服务代理间的连接受工序、设备流程相关性、地理位置相关性约束,服务请求代理与服务提供代理可被划分到不同的社区(见图 4-3)。服务需求势场用于邻近服务节点的筛选,然而,已被选择的服务节点内的服务代理映射多个联盟设备,该联盟设备通过 D2D 网络连接,共同向用户提供服务。

D2D 通信网络为离散的单跳形式,距离为"1"的单元网格区域内群集大量相同类型的服务代理。而且一个 D2D 服务连接在相同的单元网格同时映射多个服务请求代理或多个服务提供代理,造成相同请求或相同原子服务拥塞问题,如图 6-1(a)所示。对于势场中代理电荷间的距离,不仅要考虑物理通信距离,还需要考虑直接交互的服务代理点间的距离。在相同服务请求引力下,服务提供代理还受本社区内固有的应用或制造工序关系优先级约束。因此,可考虑服务代理关系约束,进一步对候选服务提供代理对应的服务节点进行筛选。

通过用户邻近服务时空划分,大量相同类型的服务代理被划分到邻近网格,形成服务节点 D2D 连接网络。根据社区发现理论[125],给定一个有限的历史数据集及误差参数,总能通过标准的最小绝对收缩和选择算子(least absolute shrinkage and selection operator,LASSO)套索方法[126]求解社区划分问题,从非"0"元素中探索到服务代理社区。因此,对于用户节点 h 邻近区域,可借助标准的 LASSO 套索方法获取邻居节点的服务请求代理与服务提供代理网络图 $G_{\text{agent}}(h)$:

$$G_{\text{agent}}(h) = (V_{\text{agent}}, E, W) \tag{6-1}$$

另外,服务节点 $j \in V_{\text{agent}}$,$A_{\text{service}}(j) \subseteq A_{\text{request}}(h) \bigcup A_{\text{service}}(d)$,$h,d \in V$,$w_{hj} \in W$,$w_{hj}$ 为服务代理节点间的边权值。

假设在服务代理网络中,代理节点之间的边权值越低,其被选择作为设备对的优先级越高。基于此,在直接服务交互范式下,服务提供代理仅需要通过服务提供节点联盟的知识库,即可推荐联盟内其他物理设备的服务提供代理。在 D2D 邻近的单元网格位置,服务代理之间的距离为 $d_{\text{inner}}(h,j)$,服务代理筛选指标为

$$\min\{d_{\text{inner}}(h,j)\} \tag{6-2}$$

这就将节点内部服务代理筛选问题转化为求解多源点最短路径问题。可使用 Floyd 算法求解 $d_{\text{inner}}(h,j)$。服务节点内部服务代理最短距离探索算法关

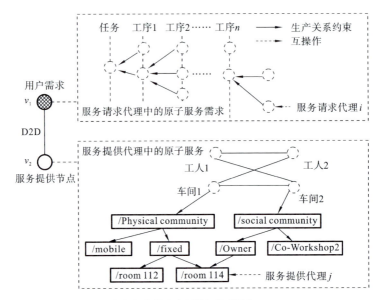

(a) 服务节点内部服务代理网络

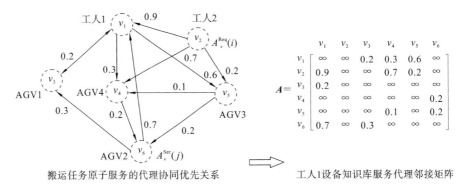

(b) 节点知识库中服务代理连接图

图 6-1 服务节点内部代理社区

键片段如表 6-1 所示。

为了进一步描述服务代理网络的目标服务节点筛选过程,以车间物流人机协同搬运场景(见图 5-1)为例构建服务代理网络。工业场景的各类约束复杂,且与具体应用密切相关。利用人与 AGV 服务节点预设知识库存储的服务关联,构建人与 AGV 协同搬运的服务代理连接图。服务代理之间的连接强度表征为该工序的优先级,服务节点代理之间的社会连接关系来自生产数据和专家

表 6-1 服务节点内部代理最短距离探索算法

```
Input: G_agent (H) = (V_agent, E, W)     //服务代理图
Output: γ_h*     //用户节点 h 邻近服务节点内代理筛选,获取满足需求的服务节点集合

1:  For(k=1;k<=n;k++)                    //动态规划探索,从图中任意一点开始
2:    For(i=1;i<=n;i++)
3:      For(j=1;j<=n;j++)
4:        if (e[i][j]>0)                 //节点 i 与 j 代理间无连接,用"∞"表
                                           示,且记"e[i][j]=-1"
5:        if(e[i][j]>e[i][k]+e[k][j])    //仅通过节点 k 中转
6:          e[i][j]= e[i][k]+e[k][j];    //计算代理间的距离
7:      End for
8:    End for
9:  End for
10: d_inner (i,j)=e[i][j];               //输出最短距离
11: γ_h* ←i,j.                           //发现最短距离对应的设备对
```

知识库,属于已知且固定的服务属性。代理协同优先关系(加权图)可转化为邻接矩阵,如图 6-1(b)所示。本书仅关注节点筛选方法,暂不展开特定场景的带权代理图构建过程研究。相对于传统 D2D 服务交互,本书所提出的人机互操作模式借助服务代理交互发现服务节点,可减少用户的物理通信接触,降低反馈的复杂度。

6.3 位置触发的按需服务发现算法

位置触发的按需服务发现(location-based on-demand service elected, LOSE)算法的设计目的:根据用户需求,通过位置触发,解决用户服务请求响应过程中的服务拥塞问题,即从邻近拥塞的节点集合中选择有限数量的目标服务节点。

位置触发的按需服务发现算法的基本思想:当用户在某区域产生服务需求时,通过位置相关性触发,向部署在该区域内的服务节点发送服务请求,请求信息包含一组满足用户服务需求的节点集合;在周边群集的邻近服务节点环境中,利用所提的多代理系统服务需求势场与虚拟耦合合力,用户发现满足需求的服务节点。单位时间内,用户节点在某单元网格的目标服务发现流程如图 6-2 所示。

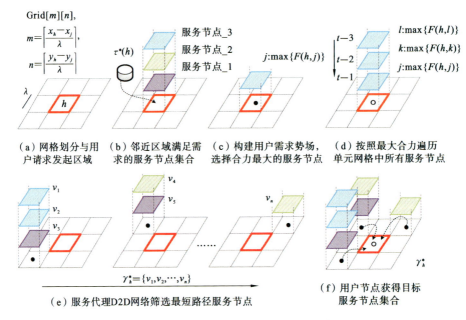

图 6-2 用户节点在某单元网格的目标服务发现流程

步骤1：获取邻居服务节点。根据用户节点 h 的位置进行网格划分，获取邻近区域的服务节点集合 $N(h)$。

步骤2：获取单元网格邻近服务节点。根据用户邻近区域时空划分，选择邻近单元网格的服务节点集合 $\tau^*(h)$。

步骤3：从单元网格中获取目标服务节点。计算当前用户服务请求代理集合 $A_{\text{request}}(h)$，并计算 $\tau^*(h)$ 中服务节点的服务提供代理集合，借助需求势场合力，选择合力最大的服务节点 j，该服务节点 j 为待连接目标服务节点。

步骤4：服务代理网络辅助选择目标服务节点。若当前单元网格节点服务数量无法满足用户服务需求，即用户节点服务请求代理中所需的设备非空，则在用户节点移动到下一个单元网格前，进行代理内部筛选。若节点 j 的服务代理网络中存在最短路径的设备对节点，则选择该节点为待连接目标服务节点。

步骤5：用户节点位置移动或者发起第二次服务请求，重复上述步骤2至步骤4，直至用户节点服务请求代理所需原子服务为空。输出选择的节点，并加入待连接目标服务节点集合。

LOSE 算法的伪代码描述如表 6-2 所示，算法的复杂度为 $O(n^4)$。在服务

表 6-2　位置触发的按需服务发现(LOSE)算法的伪代码描述

Initial: $\Delta t, \lambda$　　　//设定时空划分粒度
Input: $h=(A_{service}(h), A_{request}(h), L_h, G_{agent}(h)), V$　　// 用户节点、人机混杂网络节点集合
Output: γ_h^*　　　//满足需求的服务节点集合

```
1:  While (h==!null) //
2:      do{Obtain (x₀,y₀) from L_h;           //用户节点位置
3:          Obtain Grid[m][n],G_λ[i] by Eq.(5-15); //位置网格划分
4:          Obtain N_max by Eq.(5-16);        //获取用户节点无线覆盖区域单元网格数量
5:          For i=1:N_max                     //用户节点所在单元网格
6:              For k=1:|V|                   //邻近服务节点划分到单元网格
7:                  If ⌈x_k - x₀⌉≤λ ‖ ⌈y_k-y₀⌉≤λ
8:                      V_i←v_k, N_λ(h)←V_i;   //V_i 为第 i 单元网格的服务节点
                    End for
9:              For j=1:⌈I_request/Δt⌉        //将用户请求时间间隔 I_request 按时空粒度
                                               进行划分,见式(5-19)
10:                 Obtain A_request(h), S_request(h); //获取人节点的服务请求集合及
                                                        服务请求代理集合
11:                 For l=|V_i|, l>0, l-- ‖ S_request(h)=!∅
12:                     Obtain A_service(l);   //输出当前单元网格位置满足人
                                                需求的设备服务提供代理集合

13:                     Obtain A_request(l) from Que(l) by Eq.(5-6);
14:                     Calculate F(h,l) by Eq.(5-14); //计算需求势场合力
15:                     Return {v₁:max{F(h,l)}};    // 用 max{}函数求最大值
16:                     Calculate S_select(l) by Eq.(5-4);
17:                     S_request(h)=S_request(h)- S_select(l); //用户需求量变化计算
18:                     τ*(h)←v₁;              //发现目标服务节点
19:                     l--;
                    End for
20:                 If S_request(h)=!∅         //用户所在单元网格服务节点不足
21:                     For i=1:n
22:                         Obtain (h,m) by algorithm in table 6-1;
                                               //最短路径算法
                        End for
23:                     γ_h* ←τ*(h)∪{v_m};
                End for
        End for}
```

节点内部服务代理发现算法复杂度 $O(n^3)$ 的基础上,进行了 k 次循环,在单位时间窗口内探索需求势场合力最大的服务节点。其中,k 是受限设备的服务请求并发能力上限,由初始网格划分的数量决定。因此,LOSE 算法的时间复杂度和空间复杂度规模可控,适用于分布式受限人机工业物联网场景。

该算法在两个阶段进行了拥塞处理:在单元网格内,用户节点通过需求势场合力选择服务节点;在单元网格外,对已被用户选择的服务节点内部服务代理网络进行筛选,该阶段无用户参与。在服务节点内部服务代理筛选阶段,用户设备仅通过更新服务代理连接关系图,就能获取目标服务节点的地址,无须产生新 D2D 通信连接。

6.4 方案性能评估与分析

6.4.1 场景描述与仿真环境

1. 场景描述

人机导引提示系统是车间生产物流的典型应用之一,如 Andon 系统中设备相互提示生产进度、异常信息等。工人可穿戴设备与现场设备作为工业物联网服务提供节点,与邻近的设备无线通信。人与 AGV 设备内置虚拟搬运导引软件,服务节点包含搬运服务请求代理与提供代理。每个工人均能发起一个搬运任务请求到工业物联网环境,通过发现周边其他工人、搬运机器人,协同完成个性化的生产搬运路径和流程。如在车间装配线的上料提示、异常反馈、中控纠偏调度等提示系统中,工人在自然工作状态下通过移动终端发送或接收生产导引信息。本书暂不考虑服务类型差异,搬运任务原子服务的输入与输出分别为单个工件的加载与入库。工人在当前位置,根据个性化生产任务发起服务请求,该请求队列为一组原子服务组合。人与 AGV 混杂的网络节点通过服务请求代理与服务提供代理传递信息,该信息包含节点的搬运能力和空闲搬运能力。基于本书所提的位置触发的按需服务发现(LOSE)算法,工人向邻近分布式工业物联网服务节点的服务代理发起请求。

2. 仿真实验环境及参数

针对以人为中心的服务选择机制的验证方法,已有多个实验案例进行了尝试。ZHU 等人[127]在实验中,使用 Java 语言的 Mason 多代理系统构建了以人为中心的服务发现仿真环境,从软件信息流的角度设计了基于人属性(如工作技能、社会网络关系、地理位置等)的求职导引实验。求职导引系统提示人进行下一步操作,如联系最相关的人员、参与新技能培训、导航新岗位位置等。PULIAFITO 等人[128]在实验中,使用真实世界平板、智能手机等体感网终端安装的虚拟导引员软件,考虑人同时消费与提供信息,设计了一个在文化交流会场游客定制个性化导引线路的实验。虚拟导引员软件包含服务请求代理与服务提供代理。每个游客利用便携设备向物联网环境中的服务节点发出服务请求,且能与邻近的其他人员无线通信。游客提交一组物联网服务需求,需求中包含的服务请求代理在邻近物联网环境中获取语音、视频等服务来组合成个性化的导览服务。上述文献均采用 Java 语言的 Mason 多代理技术实现仿真实验环境。

为了验证本章所提的位置触发的按需服务发现(LOSE)算法的性能,采用 Java 语言的 Mason 多代理仿真包[129]进行场景多代理系统仿真。工业物联网服务节点的执行时间由具体的硬件决定,而工业物联网中个体硬件差异较大。实验仅描述节点中代理数量的传递过程:在一个服务节点发现过程中,当节点的服务请求代理不能转发需求给邻居节点时,表示邻居节点集合为空,或所有邻居节点集合中服务请求代理在当前发现过程中获得服务。为简化实验,实验场景暂不考虑人机服务类型差异,执行时采用无线节点接收服务请求后的应答状态变化作为服务已执行的标记。初始位置和 D2D 社会关系采取平均随机分布,服务代理网络的边权值为 1。

为了与已有研究进行公平的比较,暂不考虑工业服务的个体业务功能差异。在进行数值计算时,对工业物联网智能设备的无线通信做如下假设:将智能设备的服务状态变化量转化为设备内无线信息状态的变化量;智能设备的服务请求时间、完成时间、交互时间、请求信息的转发时间均通过设备无线信息状态的变化量来追踪和统计。服务发现算法的差异表征为具有不同的节点工作周期策略,包含节点唤醒时间 I_w、休眠时间、执行时间、请求消息传输时间 I_s 等环节的差异。位置触发的按需服务发现策略中,当前服务节点没有服务请求时,休眠时发起请求时长 $I_s^{quiet}=\infty$;当前服务节点发起服务请求时,根据具体移动终端装置可设置唤醒时长 $I_w^{op}=0.25\ s$,传输请求代理队列数据时长 $I_s^{op}=1\ s$。选取的定向扩散(directed diffusion,DD)算法具有固定的节点工作周期,通常 L-MAC 协议[130]的赋值为 $I_w=0.5\ s$ 及 $I_s=10\ s$。仿真环境其他主要参数如表 6-3 所示。

表 6-3 仿真环境主要参数设置

参数名称	数值	参数说明
N	100,200,400	工业物联网服务提供节点数
$Size_{dep.}$	100 m×100 m	节点分布的区域
N_{Aus}	[8,20]	用户节点请求代理集合 $A_{request}(h)$ 的原子服务数量
k	[2,8]	用户节点第 i 个邻居网格探索并发数
N_{pairs}	600	D2D 社会关系,平均随机分布
σ	[0,1]	需求势场引力与斥力耦合参数
λ	5 m	单元网格划分长度
$I_{request}$	[5 s,15 min]	用户需求发起周期
Δt	0.25 s	单位时间/服务代理完成消息传递时间
N_{sink}	[1,5]	汇聚节点的数量

6.4.2 方案评估指标与理论分析

选取 DD 算法[76]与本书所提的分布式物联网服务节点发现策略比较。DD 算法是一种建立在泛洪算法[131]基础上的多阶段路径选择方法,是分布式虚拟或物理网络信息传递的经典协议,能有效避免消息在网络中无线循环而出错。其基本思想如下:源节点的信息包含兴趣数据与数据副本,在传递数据副本之前,节点采用向其所有相邻节点发送消息的方式,将拓扑更新消息广播给所有的节点;每个相邻节点收到该信息后,再将其转发给它的所有相邻节点(除了发送该信息的节点),依次类推,直到将兴趣数据发送至整个网络;在消息传递的同时构建多条兴趣路径,采用指向源节点的反向路径的梯度进行信息传递。

从平均跳数、能耗、均衡性三个方面对本章所提的 LOSE 算法进行评估,具体的实验指标如下。

1. 用户需求获得满足的平均跳数

用户节点服务请求所需的原子服务集合为 $S_{request}(h)$,邻近节点集合 $N(h)$ 的部分服务节点共同提供原子服务。用户节点服务请求在邻居节点 j 的社区内依次转发,请求队列中原子服务数量逐渐流动、减少,经过 m 次社区内转发后用户节点服务请求中的原子服务需求为空,则满足该用户节点需求的平均跳数 N_{hop} 为

$$N_{hop} = m \tag{6-3}$$

2. 服务请求代理包含原子服务的数量

服务请求代理集合包含原子服务的数量 $N_{\text{Auts}}=|A_{\text{request}}(h)|$，表征为人机服务节点代理社区的源节点数量，决定服务提供节点内部代理社区发现算法的规模。

3. 按需服务获取的网络能耗

设备节点的主要能耗来自无线监听扫描（E_{sc}）、传输（E_{tx}）、接收（E_{rx}）、服务操作的感知与执行（E_{op}），故能耗 E 为

$$E = E_{\text{sc}} + E_{\text{tx}} + E_{\text{rx}} + E_{\text{op}} \tag{6-4}$$

占空比（duty cycle，DC）是指单位时间内智能设备在工作中各个状态所耗费的时间，是计算无线节点硬件能耗的关键指标。人机服务直接交互过程中设备状态的变化可以转化为上述四类状态的切换。因此，人机互操作的能耗问题可以转化为 DC 数量问题：

$$\text{DC} = \text{DC}_{\text{sc}} + \text{DC}_{\text{tx}} + \text{DC}_{\text{rx}} + \text{DC}_{\text{op}} \tag{6-5}$$

在分布式人机服务节点网络中，为了统计仿真中的跳数，设置临时内存作为路由汇聚节点（sink）。服务节点 v_j 在路径 p 上执行请求队列消息交互，当前路径 p 中叶节点数为 l_p，路径 p 的节点数量 N_p[132]为

$$N_p = (l_p^2 - p^2 + 2p - 1)/(2p - 1) \tag{6-6}$$

DD 算法基于泛洪机制，以固定周期发起无线数据发送、接收操作。然而，本书按需服务获取的交互发起间隔不确定，与具体应用相关。为了与 DD 算法公平比较，暂不考虑人与工业物联网具体服务操作的类型差异。若 DD 算法发起交互请求的固定周期为 I_{DD}，传统周期性模型的能耗为 E_{DD}，网络寿命为 L_{DD}，则有

$$E_{\text{DD}} = \frac{1}{I_{\text{DD}}} [(N_p + 1)E_{\text{tx}} + N_p E_{\text{rx}}] \tag{6-7}$$

$$L_{\text{DD}} = \frac{E_0}{E_{\text{DD}}} = \frac{E_0 I_{\text{DD}}}{(N_p + 1)E_{\text{tx}} + N_p E_{\text{rx}}} \tag{6-8}$$

其中：E_0 是系统初始总能量。

本书所提的 LOSE 算法中，原子服务映射到不同的服务节点社区，一次消息传输可通过服务代理在不同的服务代理社区传播。代理间消息传递不仅需要统计无线通信 DC，还需要统计代理消息传递执行时间 DC，可将代理消息传递执行时间 DC 所代表的能耗视为 E_{op}，网络节点寿命为 L_{proposed}，则能耗计算公式为

$$E_{\text{proposed}} = \frac{1}{N_{\text{Auts}}} \times \frac{1}{I_{\text{request}}} [(N_p + 1)E_{\text{tx}} + N_p E_{\text{rx}} + E_{\text{op}}]$$

$$L_{\text{proposed}} = \frac{E_0}{E_{\text{proposed}}} = \frac{E_0 I_{\text{request}} N_{\text{Auts}}}{(N_p+1)E_{\text{tx}} + N_p E_{\text{rx}} + E_{\text{op}}} \quad (6\text{-}9)$$

其中：N_{Auts} 为服务代理所对应的节点原子服务数量；I_{request} 为需求发起时间间隔。

4. 服务节点的网络寿命提升率

与固定周期的 DD 算法相比，本书所提的 LOSE 算法对网络寿命的提升率 R_{imp} 为

$$R_{\text{imp}} = L_{\text{proposed}}/L_{\text{DD}} \quad (6\text{-}10)$$

本书所提的发现方案，通过邻近服务节点社区协作完成目标服务节点发现，避免用户可穿戴设备的逐一扫描和无线传输。在工业物联网节点发现算法计算过程中，用户设备、非参与交互的节点均处于休眠状态，尽可能多地节约能量。特别对于移动终端、可穿戴设备等由电池供电的节点，按本书所提方案，根据应用按需连接设备，可降低交互复杂度，延长用户设备节点在工业物联网中的寿命。

6.4.3 计算结果分析

仿真场景中，人机服务网络为无向图，包含服务提供节点数量为 100、200、400。每个网络规模计算 100 次，评估指标取该项指标 100 次计算结果的平均值。网络中所有服务节点内请求代理发起用户请求的概率相同。当用户请求队列中包含的原子服务从邻近物联网服务节点中被找到时，表示该用户请求得到满足。

1. 需求势场耦合参数对交互系统性能的影响

如图 6-3 所示，服务需求势场引力与斥力耦合参数 $\sigma(\sigma \in [0,1])$ 越大，平均跳数 N_{hop} 越小，服务节点间交互的次数越少，且随着耦合参数增加，平均跳数降低趋缓。设置参数 $N=200, k=4$，当 $\sigma=0$ 时平均跳数为 18.4，当 $\sigma=1$ 时平均跳数为 5.0。由公式 (5-14) 可知，耦合参数 σ 为 0 时，仅考虑可用流动需求势场，用户需求对邻近服务节点中待服务的请求队列产生斥力。因为每个用户需求以服务集合的形式发送给服务提供代理，不考虑邻居节点提供服务的数量限制，本书所提的服务发现机制可视为随机搜索。当耦合参数 $\sigma=1$，仅考虑服务需求势场，用户需求对邻近服务节点的服务提供代理产生引力。服务节点的服务提供代理尽可能多地满足用户需求。耦合参数 σ 取值在 0 和 1 之间，表明两类需求势场对候选服务代理的影响。当 $\sigma=0.4$，服务提供节点数量 N 取 100、200、400 时，对应的平均跳数分别为 2.6、9.2、18.5。在固定耦合参数下，总节

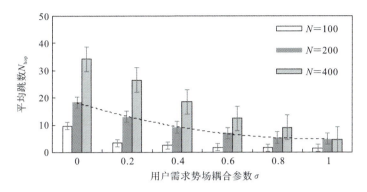

图 6-3 需求势场耦合参数对平均跳数的影响($k=4$)

点数量增加,使得用户当前网格及邻居网格内的服务提供代理密度增加。在服务发现过程中,单元网格内服务代理增加,服务节点交互概率提高,路由中的路径跳数增加。

2. 请求队列包含的原子服务数量对服务节点能耗的影响

如图 6-4 所示,节点请求队列包含的原子服务数量 N_{Auts} 增加,服务节点的能耗逐渐降低,且能耗降低趋缓。设置参数 $N=200, k=4$,由公式(6-5)可知,各类工作状态的能耗可转化为统计占空比 DC。服务节点与服务提供代理平均分布,请求代理集合中不同服务节点个体的原子服务数量分别从 8 增至 20。当 $N_{Auts}=8$ 时,占空比为 8.7%;当 $N_{Auts}=20$ 时,占空比为 4.6%;N_{Auts} 在 8~20 之间,节点占空比随请求队列中原子服务数量的增加而逐渐减小。而固定周期的 DD 算法占空比保持不变。请求代理包含原子服务越多,邻近节点创

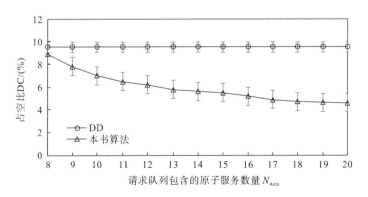

图 6-4 请求队列包含的原子服务数量对网络能耗的影响

建请求队列包含的待服务节点数量越大,使得请求代理与提供代理映射网络的社区规模也增大。因此,请求队列的服务节点需求数量表征为服务代理社区规模。在一个请求单元时间内,邻居节点内部代理社区具有更多的连接关系,提高了目标服务提供代理的发现概率。由公式(6-4)可知,在发起下一次服务请求前,通过历史接触关系发现服务节点,可减少用户直接 D2D 接触的扫描(E_{sc})、互操作(E_{op})等状态环节能耗。

3. 不同请求时间间隔对工业物联网节点寿命的影响

如图 6-5 所示,随着用户请求时间间隔 $I_{request}$ 增加,本书所提 LOSE 算法的网络节点寿命提升率 R_{imp} 增加,且增加趋于平缓。设置参数 $N=200$,$k=4$,当 $I_{request}=5$ s 时,网络节点寿命提升率为 1.09;当 $I_{request}=15$ min 时,网络节点寿命提升率为 2.9。用户发起请求时间间隔从 5 s 到 15 min,网络节点寿命提升率逐渐增加。邻居节点服务探索并发数 k 取 2、4、8 时,在 $I_{request}=15$ min 下网络节点寿命提升率分别为 2.6、2.9、3.0。预设邻居节点服务探索并发数越高,网络节点寿命提升率越高,但是提升幅度降低。LOSE 算法中,请求发起时间间隔较长,用户设备发起请求后处于休眠状态,而更长时间使得服务节点内部服务代理的数量和接触记录增加。因此,请求时间间隔增加,服务节点内部虚拟的代理社区规模增大,在一个服务发现周期中物理交互强度降低。同时,增加邻居节点并发数,在单位时间窗口内服务请求代理的数量增加,与之对应的服务节点请求队列中原子服务数量增加,导致节点内部虚拟代理社区规模扩大。

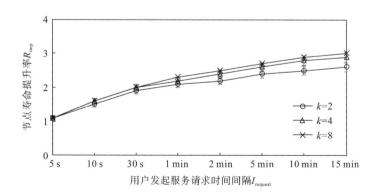

图 6-5 请求时间间隔与网络节点寿命提升率的关系

4. 不同发现策略对服务均衡性的影响

如图 6-6 所示,与已有的算法相比,本书所提 LOSE 算法具有较好的均衡

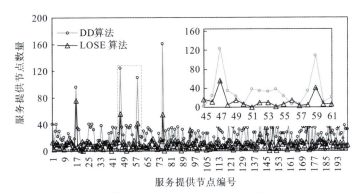

(a) 固定周期的DD算法与LOSE算法均衡性比较（$N=200$）

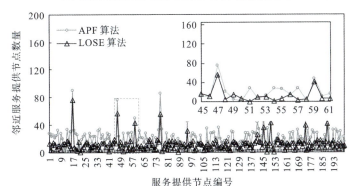

(b) APF算法与LOSE算法均衡性比较（$N=200$）

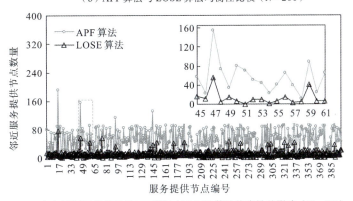

(c) 不同网络规模对APF算法与LOSE算法均衡性的影响（$N=400$）

图 6-6　DD、APF算法与LOSE算法对服务均衡性的影响

性，且网络规模对LOSE算法均衡性影响较小。设置软件计数器跟踪每个节点，统计仿真中节点发起请求或自身请求队列中最大的服务提供节点数。

图 6-6(a)中，与固定周期的DD算法[130]相比，LOSE算法在均衡性方面

具有明显的优势。设置参数 $N=200,k=4$,固定周期的 DD 算法的服务数量总体呈现为在 0 到 40 区间的随机分布,且部分节点的服务数量达到 160(第 77 号节点);而 LOSE 算法的服务数量集中分布在 0 到 20 区间,且拥塞节点的服务数量明显低于 DD 算法的;局部放大第 45 号节点到第 61 号节点的均衡性分布图,发现不同算法下第 47 号节点的服务拥塞数分别为 124、56,LOSE 算法在该点的均衡性提高 55%。DD 算法无拥塞避免机制,其内部包含的泛洪扩散机制使得单个节点的服务数可达全部节点总数。LOSE 算法通过需求势场进行筛选,同时通过邻居节点服务探索并发数限制单位时间窗口内的探索规模。

图 6-6(b)中,与人工服务势场方案 APF 算法[75]相比,LOSE 算法整体的均衡性优势明显,局部拥塞节点优化性能接近。设置参数 $N=200,k=4$,APF 算法服务数量总体呈现为在 0 到 40 区间的随机分布,且部分节点服务数量达到 85(第 77 号节点);而 LOSE 算法的服务数量集中分布在 0 到 20 区间,且拥塞节点的服务数量明显低于 APF 算法的;局部放大第 45 号节点到第 61 号节点的均衡性分布图,不同算法下第 47 号节点的服务拥塞数分别为 76、56,LOSE 算法在该点的均衡性提高 26%。尽管 APF 算法使用人工服务势场模型解决周边服务提供节点筛选问题,但是该方法无时间粒度划分,在一次请求发起后,用户请求在全局网络贪婪进行探索,该请求中所有服务在一个请求周期内被找到,因此其整体均衡性呈现出与 DD 算法固定周期探索相同的特征。而 LOSE 算法根据位置划分确定感兴趣的区域,同时设置单位时间区间内探索邻居区域的上限,控制了一个周期内的网络规模。

图 6-6(c)中,与 APF 算法相比,网络规模扩大后 LOSE 算法的均衡性较稳定。设置参数 $N=400,k=4$,与 $N=200$ 相比,APF 算法服务数量总体呈现为在 0 到 85 区间的随机分布,拥塞度增加了 112%;LOSE 算法的服务数量总体分布在 0 到 21 区间,均衡性基本无变化。局部放大第 45 号节点到第 61 节点的均衡性分布图,不同算法下第 47 号节点的服务拥塞数分别为 155、56,LOSE 算法在该点的均衡性提高 64%。APF 算法与 DD 算法受网络规模和布局影响较大,其中 APF 算法对网络分布不均匀的场景或拓扑中心节点的拥塞优化明显。而 LOSE 算法从节点自身的计算能力出发,限制探索的时空边界。因此,本书所提 LOSE 算法的均衡性优化能力受网络规模和拓扑结构等因素影响较小,具有较好的性能稳定性。

6.5 本章小结

在本章中,作者考虑分布式服务节点外部与内部服务代理的拥塞问题,针对内部代理拥塞问题提出了一种 Floyd 最短路径选择机制,针对外部代理拥塞问题提出了一种位置触发的按需服务发现(LOSE)算法。最后,通过仿真实验,与 DD 算法、APF 算法进行比较,发现本书所提 LOSE 算法对服务节点发现的均衡性优势明显。

第 7 章
隐式社会关系辅助的人机服务连接优化策略

7.1 引言

第 3 章提出了以人为中心的人机互操作架构,并给出了人在工业物联网环境中的服务集成方法。人在回路增加了工业物联网设备服务的移动性、社会性,这些动态服务属性可以产生隐藏的社会关系,即分布式智能设备动态个体行为隐藏着的非预设社会关系[91]。第 6 章研究了以人为中心的工业物联网中位置触发的周边服务发现算法,它能根据用户请求,获得一组待连接的目标服务节点。但用户周边高密度、群集的设备环境,使得目标设备淹没在其他设备中,导致固定预算的通信带宽与无线连接能量被平均分配给其他干扰设备。智能工厂高度分布式和密集部署的工业物联网环境,使人机服务连接的无线调度与消息传播面临富余或过载的问题。

特别地,现场设备和墙体等基础设施的遮挡以及人与运输装备的移动,都将导致工业环境下无线通信质量的下降。通常采用移动设备(如人的可穿戴设备、驾驶或操作的车辆和 AGV 等)摆渡的方法,如通过 AGV 在物流运输的过程中携带容迟数据以及与物流节点上的机器设备进行短距离局部通信的方式,降低基站和车间设备间直接通信的数据量和数据类型,增强固定部署的工业物联网通信的健壮性,提高工业物联网的通信资源利用率和运行效能[133,134]。但在实时数据传输中,移动设备的无线通信衰减情况受距离、朝向、移动速度等个体动态行为影响,而未来 5G 通信在工厂环境的应用,将使这一问题更加突出[135]。然而,在人机互操作中,分布式智能设备间隐藏着的非预设社会关系在一定时间区间内具有稳定性,可构成局部稳定的网络拓扑结构。

针对人机互操作中目标服务连接阶段的群集设备无线探测盲目性问题,本章开展如下研究:首先,针对人与设备的移动性和社会化,引入图论,提出隐式关系挖掘的社区和中心度指标,构建人机混杂交互系统数学模型,并提出人机

第 7 章 隐式社会关系辅助的人机服务连接优化策略

动态接触的隐式社会关系挖掘算法。在此基础上,研究人机互操作中目标服务节点探测与连接方法。最后,考虑人机混杂网络的节点资源受限,设计一种隐式社会关系辅助的服务连接优化策略。

7.2 人机混杂网络的隐式社会关系构建方法

7.2.1 隐式社会关系挖掘的社区和中心度指标

根据第 4 章人机混杂网络的设备连接机理,隐式社会关系可辅助人机互操作中邻居设备节点的无线连接。隐式社会关系具有一般社会网络复杂的特征[91],因此,可以引入社区和中心度指标对人机互操作中隐式社会关系进行分析。

社区通过个体之间的社会关系自动形成,是个体分享相同社会兴趣和行为的聚类节点集合。在移动网络中,根据位置、兴趣或者预设设备属性,将移动设备节点以社会化聚类的方式划分到不同的社区。在人机混杂的无线通信网络中,人或移动机器人通常由于具有不同的任务内容、不同的通信模式、不同的交互倾向而被划分到不同的社区。因此,探测社区信息和分析节点的接触规律,有助于提高分布式和间歇性移动智能设备的数据传输效果。

中心性是社会网络分析中衡量节点相对所在社区重要性的指标,表征个体节点在社区中的影响力[114,136]。人机混杂交互接触过程中,一部分成员比其他成员更受欢迎,它/他们在一个社区中扮演着桥梁作用。因此,一个社区中心节点往往有更高的概率与周边设备近距离接触,这些中心节点可以替代和充当临时基站,承担临时基站上的同步通信、临时社会关系辅助等工作负载。例如,与以往的随机波束探测帧扫描不同,本书所提方案(4.4.2 节和 4.4.3 节内容)的中心节点可以通过主动发送信标方式来提高被其他邻居设备发现的概率。

在社会化转发算法中,常使用中介(betweenness)中心度作为度量节点中心度的指标[112]。中介中心度指标衡量利用多个设备进行数据传输的概率,直接反映了此设备与其他设备接触的频繁度。经典图论中,中介中心度计算仅考虑过去某一段时间区间内移动设备接触的数量,不能有效地分析和表达一个移动设备接触其他设备的概率。为了实现利用社会化社区和中心度进行高效地聚类,基于移动设备的接触率,下文将设计一个新的中心度计算方法,该方法同时考虑个体的影响力及个体所在社区的影响力。

7.2.2 隐式社会关系及人机互操作数学模型

图论是社区探测与分析的有效建模工具[137],采用图论构建人机设备隐式社会关系。本书所提的智能工厂 D2D 通信系统中,当前服务请求发起用户的设备无线网络覆盖某个感兴趣区域,通过隐式社会关系辅助高效连接目标设备。用户设备是指人携带的智能手机或者智能机器附加嵌入式智能服务节点。在临时基站无线网络覆盖区域,移动的用户成为社会化 D2D 增强网络的移动节点。

基于过去某一个时间区间内设备接触次数,将接触率转化为带权接触图 $G(\boldsymbol{W})=(V,E,\boldsymbol{W})$,其中,$V=\{1,2,\cdots,n\}$,为节点集合,即临时基站或移动现场设备节点集合;$E=\{e_{ij}:i,j\in V\}$,为边集合,$e_{ij}$ 表示个体设备节点 i 与 j 的 D2D 接触边;$\boldsymbol{W}=[w_{ij}]_{n\times n}$,为接触图的加权邻接矩阵,其元素 w_{ij} 代表边 e_{ij} 对应的权值,如节点 i 与 j 的接触概率等。人机交互过程中,设备节点被划分到不同社区,社区集合记为 C,$C=\{C_1,C_2,\cdots,C_n\}$。在当前临时基站的无线网络覆盖范围内,在固定波束探测能量预算下,任意其他邻近区域的设备节点能进行 D2D 无线通信。对任意两个节点 i 和 j,$i,j\in V$,当它们移动到彼此的无线通信传输范围时,进行无线通信,产生一个 D2D 接触。节点 i 和 j 之间的 D2D 通信设备对的接触间隔和接触时长[93]示意图如图 7-1 所示。

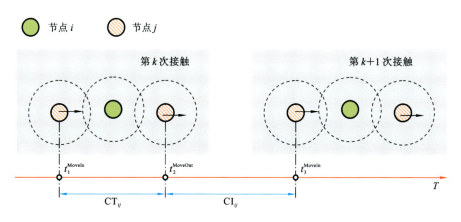

图 7-1 节点接触间隔和接触时长示意图

接触间隔(contact interval):节点 i 和 j 的接触间隔定义为再次接触时刻到上次离开时刻 t_{MoveOut} 的时长,记为 CI_{ij},且有

$$\text{CI}_{ij}=\min\{(t-t_{\text{MoveOut}})\},\quad d_{ij}\leqslant R,t>t_{\text{MoveOut}} \tag{7-1}$$

其中:d_{ij} 表示节点 i 和 j 的欧氏距离;R 表示节点设备无线通信范围半径。

接触时长(contact time):若节点 i 和 j 在时间点 t_{MoveIn} 进入彼此的无线通信范围,节点移出通信范围前连续接触时间区间就是接触时长,记为 CT_{ij},且有

$$\text{CT}_{ij} = \min\{(t - t_{\text{MoveIn}})\}, \quad d_{ij} > R, t > t_{\text{MoveIn}} \quad (7\text{-}2)$$

其中:t 和 t_{MoveIn} 是连续的时间点;R 含义同公式(7-1)。

借鉴文献[93]的机会网络节点相遇与概率模型,社会化设备节点对的相遇或者内部接触分布服从长尾分布。而韦布尔分布的概念函数具有偏右分布的特点,其分布图形具有长尾分布趋势。因此韦布尔分布 $X_{\text{phy\_meet}}$ 可用于设备节点接触概率模型构建。D2D 节点接触间隔服从平均分布 $X_{\text{inner\_meet}}[a,b]$。

基于上述节点的移动与接触数学模型,提出隐式社会关系挖掘的指标定义如下:

1. 接触频率

基于 D2D 接触间隔,节点 i 和 j 的接触频率记为 δ_{ij},且有

$$\delta_{ij} = \frac{E[\text{CT}_{ij}]}{E[\text{CI}_{ij}] + E[\text{CT}_{ij}]} \quad (7\text{-}3)$$

其中:$E[\cdot]$ 表示数学期望;CI_{ij} 表示接触间隔;CT_{ij} 表示接触时长。$\delta_{ij} \in (0,1)$,在节点移动接触的统计中,接触频率与接触间隔的期望值成反比。当 $E[\text{CT}_{ij}]$ 趋近无穷时,δ_{ij} 趋近于 1;当 $E[\text{CI}_{ij}]$ 趋近无穷时,δ_{ij} 趋近于 0。

2. 社区影响因子

任意社区 $C_i(C_i \in C)$ 的社区影响因子为 I_i,表征为该社区内设备节点相互连续接触的频繁度,由该社区所有节点的平均接触频率表示:

$$I_i = \frac{1}{|C_i|} \sum_{i=1}^{|C_i|} \left(\frac{1}{|C_i|-1} \sum_{j=1, j \neq i}^{|C_i|-1} \delta_{ij} \right) \quad (7\text{-}4)$$

其中:$|C_i|$ 表示社区元素个数;δ_{ij} 含义同公式(7-3)。

3. 节点个体影响力

节点与社区内其他节点接触的概率体现了节点个体的活跃程度,因此,可以从节点接触概率的角度定义节点个体影响力。

本书所提的无线基站及其社会关系时间窗具有临时性,且临时基站在移动过程中建立动态的无线覆盖范围,当前时空区间阈值范围外的接触记录不考虑。平稳随机过程(stationary random process,SRP)的统计特性不随时间的推移而变化,数学期望和方差参数也不随时间和位置变化。本书仅考虑个体接触率来将用户划分到不同的社区,任意个体之间接触概率函数与时间起点无关。在工程应用上,这种随机统计一般可认为属于平稳随机过程。因此,节点

之间 D2D 接触间隔 CI_{ij} 的分布服从平稳随机分布，可由累积分布函数（cumulative distribution function，CDF）$F_D(x)$ 描述，则在接触记录统计时间区间 T 内，某一社区 C_k 内节点 $i(i \in C_k)$ 的个体影响力记为 p_i，且有

$$p_i = \frac{1}{|C_k|-1} \sum_{j=1,j\neq i}^{|C_k|-1} \int_0^T F_D(x) \mathrm{d}x \qquad (7\text{-}5)$$

通常，接触频率分布由节点真实移动轨迹的接触时长统计，$F_D(x)$ 精确且简洁的数学形式表达由具体的移动模型决定。智能工厂车间物流环境中，工人体感网设备、AGV、现场搬运设备等节点的移动特征彼此具有独立性，而且工业机器人的移动路径受车间布局影响，呈现出网格或横向和纵向路径。这种时变移动模型具有曼哈顿移动模型（the Manhattan grid mobility model）特征。因此，可采用曼哈顿移动模型的时变节点稳态分布描述人机混杂节点的接触分布模型。

曼哈顿移动模型的累积分布函数 $F_D(x)$[138]：

$$F_D(x) = \frac{1}{16} x \frac{R}{V_0} \left[3x - x^2 + \frac{3R}{V_0} - \left(\frac{R}{V_0}\right)^2 \right] \qquad (7\text{-}6)$$

其中：R 表示节点无线传输范围半径；V_0 表示节点移动的速度。

智能工厂环境中，邻居节点探测间隔时间需足够小，以使得人机设备节点在物理空间有足够的时间相遇。也就是平均探测间隔时间要小于节点移出通信范围半径的时间，即 $CI_{ij} \leqslant \frac{R}{V_0}$。

将公式（7-6）代入公式（7-5），可得

$$p_i = \frac{1}{|C_k|-1} \sum_{j=1,j\neq i}^{|C_k|-1} \int_0^T \frac{1}{16} x \frac{R}{V_0} \left[3x - x^2 + \frac{3R}{V_0} - \left(\frac{R}{V_0}\right)^2 \right] \mathrm{d}x \qquad (7\text{-}7)$$

4. 节点社会化中心度

在接触记录统计时间区间 T 内，某一社区 C_k 内节点 $i(i \in C_k)$ 的社会化中心度记为 c_i，且有

$$c_i = I_i \cdot p_i \qquad (7\text{-}8)$$

其中：I_i 表示节点 i 所在社区影响因子；p_i 表示节点 i 的个体影响力。

如果一个节点所在的社区有较高的平均中心度，或者该节点与其他节点接触具有较高的概率，则认为该节点在网络中有较高的影响力或社会化中心度。

7.2.3 隐式社会关系的随机接触构建算法

根据第 4 章所提的临时基站无线通信机理，临时基站传递过程中，两个节

点相遇且进行消息交互被定义为接触行为。在 D2D 网络个体之间的移动与接触行为中，其他智能设备充当临时基站角色，组建下一个以新的临时基站为中心的 D2D 局部网络。因此，隐式社会关系与个体移动特性密切相关。对于某个临时基站无线通信覆盖范围，在给定的内存记录时间 T 内，通过统计两个节点相遇的次数来确定其关系强弱。节点动态地加入或者离开社区，构建新的隐式社会关系。隐式社会关系的构建过程具有智能自主性、移动性、接触临时性、随机性等机会网络的特征。马尔可夫（Markov）链模型通常被用来解决社会关系纽带与网络点对点链路预测问题[139]。因此，借鉴机会网络节点相遇特征与马尔可夫模型[140]，探索人机混杂工业物联网下智能设备社会化 D2D 网络的隐式社会关系结构。

算法设计目的是从大量群集、动态的社会化 D2D 网络图中获取连接关系，对隐式社会关系结构进行建模与社区划分。传统的方法是在网络图中使用基于边的度分布指标，仅分别研究社会图或通信图的结构[141]和动态信息传播[142]，未涉及社会关系图 G_{soc} 与通信图 G_{D2D} 的耦合问题。因此，考虑社会关系图 G_{soc} 与通信图 G_{D2D} 的相关性，用联合度分布 p_{ij} 来表示一个临时基站分别在社会图和通信图中连接邻居节点 i 和 j 的概率，作为衡量图 $G_{enhanced}(V,E)$ 结构特征的指标。这样就将图 $G_{enhanced}(V,E)$ 的结构预测问题转化为联合度分布 p_{ij} 预测问题。

在给定的时间单元内，相比物理通信网络节点的移动或服务交互时间，马尔可夫模型游走节点探索局部网络结构的时间可以忽略不计。因此，可假设在用户发起下一次服务请求前，社会化 D2D 图中节点的集合保持不变，马尔可夫链在封闭的信息空间随机游走。算法需解决如下关键问题：局部社会关系探测中如何选择下一个邻居节点？如何在随机游走获取的已遍历节点集合中构建社会关系图与通信图的联合度分布？如何对遍历节点进行社区划分？

1. 马尔可夫链的临时基站邻居节点随机探测

当马尔可夫链模型的游走节点处于节点 u 时，节点 u 的所有邻居节点将被探测到。在统一的概率下选择其中一个邻居节点，游走到被选择的新节点。

在 D2D 网络的物理通信连接图中，马尔可夫链路探测策略对通信网络节点进行遍历，从通信网络节点中筛选出构建隐式社会关系网络的候选节点集合。设节点集合 $V_{D2D} \subseteq V$ 中至少有一条边，即 $E_{D2D} \neq \varnothing$。马尔可夫链的转移矩阵为 $\mathbf{P}_{|V_{D2D}| \times |V_{D2D}|}$，元素 (u,v) 的转移概率为 $P(u,v)$，且满足 $\sum_{v} P(u,v) = 1$。当前节点 $u \in V_{D2D}$ 在集合内选择节点 $v \in V_{D2D}$ 作为下一个随机游走节点的

概率 $P(u,v)^{[142]}$ 为

$$P(u,v)=\begin{cases}\dfrac{1}{\deg(u)+1}, & v\in N_{\text{D2D}}(u)\bigcup\{u\}\\ 0, & \text{其他情形}\end{cases} \quad (7\text{-}9)$$

其中:$\deg(u)$ 表示节点 u 的度;$N_{\text{D2D}}(u)$ 表示节点 u 在 D2D 通信网络图中的邻居节点集合。

第 l 步探索中节点接触的约束矩阵 $\boldsymbol{\pi}(l)$ 为

$$\boldsymbol{\pi}(l)=(P^T)^l\boldsymbol{\pi}(0) \quad (7\text{-}10)$$

其中:$\boldsymbol{\pi}(0)$ 表示初始矩阵,$l\in T$(T 指一个探索周期内所包含的总探索步数)。特别地,在 D2D 通信网络节点集合 V_{D2D} 中所有节点间为无向连接,因此,D2D 通信图的连接矩阵具有不可约性和周期性。而 $\boldsymbol{P}_{|V_{\text{D2D}}|\times|V_{\text{D2D}}|}$ 是可逆的不可约非周期性矩阵,收敛其平稳分布,则可逆条件为 $\boldsymbol{\pi}_u P(u,v)=\boldsymbol{\pi}_v P(v,u)$,且 $u,v\in V_{\text{D2D}}$。

2. 社会关系图与 D2D 通信图耦合的联合度分布

社会化 D2D 中,存在节点 u,它同时存在于 D2D 通信图与社会关系图中。若节点 u 与邻居节点 v 同时存在 D2D 连接与社会化连接,则节点 u 联合度增加 1,如图 4-7 中节点 v_3 与节点 v_4 的边 e_{34}。

不失一般性,节点 u 的联合度状态值为

$$1_{V_{ij}}(u)=\begin{cases}1, & i,j\in N_{\text{soc}}(u)\text{ 且 }i,j\in N_{\text{D2D}}(u)\\ 0, & \text{其他情形}\end{cases} \quad (7\text{-}11)$$

其中:V_{ij} 表示节点 u 的邻接节点①集合,$i\in N_{\text{soc}}(u)$,$j\in N_{\text{D2D}}(u)$;$N_{\text{D2D}}(u)$ 表示节点 u 在 D2D 通信图中的邻居节点集合;$N_{\text{soc}}(u)$ 表示节点 u 在社会关系图中的邻居节点集合。

可得,遍历节点集合中游走节点 u 的联合度为

$$\sum_{u\in V}1_{V_{ij}}(u)$$

遍历节点集合中游走节点 u 的度为

$$\sum_{u\in V}(|N_{\text{D2D}}(u)|+|N_{\text{soc}}(u)|)$$

联合度分布 p_{ij} 是条件概率,公式为

$$p_{ij}=a_{ij}/b_{ij} \quad (7\text{-}12)$$

---

① 邻接节点:在网络计算机算法及其邻接矩阵数学表述中,邻接节点专指某个节点下一个位置的节点。

$$a_{ij} = \frac{\sum_{u \in V} 1_{V_{ij}}(u)}{|V|}$$

$$b_{ij} = \frac{\sum_{u \in V}(|N_{\text{D2D}}(u)| + |N_{\text{soc}}(u)|)}{|V|}$$

可得当前节点被选择作为游走节点的概率为

$$P_{\text{sel}}(u) = E(p_{ij}) \tag{7-13}$$

其中：$E(p_{ij})$ 表示联合度分布的期望。因此，社会化 D2D 增强网络图 $G_{\text{enhanced}}(V,E)$ 的联合度分布 p_{ij} 与游走节点的度密切相关，可以直接从遍历节点集合的联合度获得。

3. 隐式社会关系强度的社区划分

社区及其中心性节点是构建下一个局部社会化 D2D 增强网络的临时基站候选节点的关键指标，是隐式社会关系算法的输出结果和设计目标。根据马尔可夫模型遍历节点记录，构建当前时间区间稳定的接触网络拓扑关系图。利用接触特性、个体中心性影响因子、社区影响因子等指标，对马尔可夫模型遍历的输出集合内的候选节点进行划分。相似或者相同社会化中心度的节点被划分到一个社区，不同的社区整体的平均中心度不同。本书中社区划分仅以节点社会化中心度为依据，数据集合维度为一维。k-means 聚类方法是最常见的低维度数据集社区划分策略之一。因此，隐式社会关系社区划分可采用 k-means 聚类方法。

给定种子节点数量 $N_{\text{seed}} = n$，n 的数值由用户受限设备的连接能力决定，则社会化 D2D 增强网络图 $G_{\text{enhanced}}(V,E)$ 的节点被划至 n 个社区，社区集合 $C = \{C_1, C_2, \cdots, C_n\}$。使用曼哈顿距离作为聚类目标函数，则节点 j 的分组规则表示为

$$\min \sum_{i=1}^{n} \sum_{j=1}^{|C_i|} \text{dist}(I_i, c_j) \tag{7-14}$$

其中：C_i 表示第 i 个社区；c_j 是社区 C_i 内节点 j 的社会化中心度；I_i 是社区 C_i 的社区影响因子；dist 表示曼哈顿距离。

举例说明，如果人机混杂网络中一组节点的社会化中心度分别为 0.12、0.14、0.15、0.22、0.23、0.28、0.30，并且系统预设社区划分数 $n=3$，那么该社区划分如下：社区 $C_1 = \{0.12, 0.14, 0.15\}$，社区 $C_2 = \{0.22, 0.23\}$，社区 $C_3 = \{0.28, 0.30\}$。可见，在同一个社区内移动设备具有相似的中心性。本书暂不考虑高维度的社区划分，未来多种社会关系混杂情形下，可进一步研究聚类算

法优化问题。

4. 隐式关系的随机接触构建算法

算法的设计思路如下：社会化D2D网络拓扑结构无法预先获知，需要从临时局部社会化D2D增强网络图$G_{enhanced}(V,E)$的节点集合V中探索节点邻接关系。利用马尔可夫模型随机游走算法，从集合V获得子集V'及其网络拓扑结构，并使用V'的节点联合度分布p_{ij}预估下一个游走节点。马尔可夫模型游走节点在图中节点间游走，假设游走节点从随机选取的节点$u(u \in V)$开始游走，已知节点u的邻接邻居节点集合$N(u)$，其中社会关系图的直接邻居节点集合为$N_{soc}(u)$，D2D网络图的直接邻居节点集合为$N_{D2D}(u)$。随机游走与社区划分（random walk and possibility cluster，RWPC）的隐式关系构建算法的关键步骤如下。

步骤1：在每个游走时间间隔，获取游走节点记录邻居节点数量$|N_{soc}(u)|$和$|N_{D2D}(u)|$。

步骤2：指定对所有节点$v \in N_{D2D}(u) \bigcup \{u\}$的转移概率为$P(u,v)$。

步骤3：根据转移概率从集合$\{v \in N_{D2D}(u) \bigcup \{u\}\}$中选择一个节点。

步骤4：游走到该选中的节点v。

步骤5：重新指定该节点v为游走节点u，该过程迭代直至集合V中节点被游走者遍历，输出被访问的节点集合V'。

步骤6：从V'中获取节点的社会化中心度c_i。

步骤7：根据所提划分规则，输出社会关系中的社区集合$C=\{C_1,C_2,\cdots,C_n\}$，D2D通信的候选种子节点集合$V_{seed}=\{v_1,v_2,\cdots,v_n\}$，$n \in N_{seed}$，$N_{seed}$为系统预设种子节点数量。

动态接触的RWPC隐式关系构建算法的伪代码如表7-1所示。

表7-1　随机游走与社区划分（RWPC）的隐式关系构建算法的伪代码

```
Initial:N_seed=n, V'=∅, N_D2D(u)=∅, N_soc(u)=∅     //系统预设种子节点数量 N_seed
Input:G_enhanced(V,E)=(V,ε_s(t),ε_D2D(t)), t=t_0
Output:C={C_1,C_2,…,C_n}, V_seed={v_1,v_2,…,v_n}   //社区集合,种子节点集合

1. Random (V, u);                    //第一个节点随机,其他节点根据马尔可夫模型遍历
2. For i=1：|V| do                    //探测图的结构及联合度分布
3.     Obatain neigbors of x=|N_D2D(u)|, y=|N_soc(u)|;   //邻居节点
4.     Caculate p_ij by using Eq.(7-12);
5.     Markov P_sel(v∈N_D2D(u)⋃{u},v_i) by Eq.(7-13);
6.     V'←v_i, E'←e_uv;              //记录邻居节点 v_i 与连接边 e_uv
```

续表

```
7.    u= v₁;                              //游走节点转移邻居节点
8.    G= (V′,E′);                         //输出待划分社区的社会化D2D网络拓扑结构
9.    End for
10. For j=1：|V′| do
11.    Caculate c_j by using Eq. (7-8);//隐式社会关系的接触概率与影响因子
12.    For k=1：n do
13.       Caculate C_k←{v_j} by using Eq. (7-14);//根据节点影响力相似性划分社区
14.       C←{C_k};
15.    End for
16. End for
17. For l=1：n do
18.    Sort max(V′,C_l);                  //获取隐式关系中影响力最大的节点集合
19.    V_seed←{v₁};
20. End for                                //i、j、k、l 为循环变量
```

在临时基站无线覆盖范围内,社会化设备网络的社区划分数量决定了无线通信信标探测的效率。本节所提 RWPC 算法如果配置最简单的参数,不使用任何优化,并且假设一个网络的节点数为 N,那么算法复杂度为 $O(N^{|C|})$,可见算法复杂度非常高,且由种子节点数量 N_{seed} 决定社区划分的数量 $|C|$。尽管使用迭代算法能降低工作负载,但幂级复杂度仍然要求社区划分数量 $|C|$ 不能过大。较少的社区划分数量能降低隐式社会关系结构探测算法的复杂度。但是社区划分是为了更高效地分配探测的能量,增加社区的数量可以获得更优的探测能耗表现。因此,优化社区划分能较好地优化人机设备无线连接的能效。

7.3 隐式社会关系辅助的服务连接能耗优化策略

7.3.1 目标服务连接的邻居探测能耗问题描述

1. 目标节点探测的盲目性问题描述

用户设备作为源设备,待连接的目标设备淹没在群集的工业物联网环境中,如图 7-2 所示。盲目的无线探测模式下,单次信标探测的通信带宽与能量被分配给无用的干扰设备,目标设备的发现及与其连接需要进行多次探测,且群集环境下探测次数具有不确定性;通过隐式社会关系辅助,可利用路由选择来提升目标设备发现概率。用户与目标设备无线连接过程的关键是 D2D 邻居

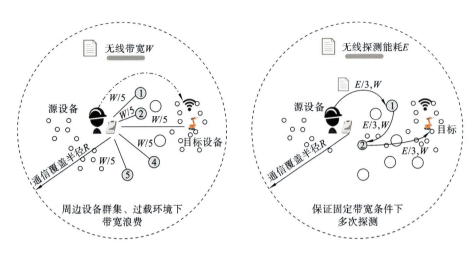

图 7-2　智能工厂环境下用户与目标服务连接的群集问题

节点的无线探测。D2D 邻居设备探测的目的是尽可能多地探测 D2D 通信接触。D2D 设备在接触时长内，节点之间相互发送无线信标信号来建立彼此间的联系。通常，D2D 通信中的接触间隔要远大于接触时长，且用户需要连续发送信标信号来发现 D2D 通信接触。设备节点生命周期中绝大多数时间处于发送信标信号状态，直至探测到 D2D 通信接触，转入消息传输状态。

因此，人机互操作无线设备在发送信标信号阶段会花费大量的能量。如何调度信标信号发送过程的能耗对整个 D2D 通信网络至关重要。在信标控制策略中存在能耗和系统性能的平衡问题：如果提高信标探测频率，系统将获得更多的 D2D 通信接触，以高能耗为代价获得更高的 D2D 通信效率；如果降低信标探测频率，即使两个用户设备移动到无线通信覆盖范围内，它们仍可能无法探测到 D2D 通信接触。因此，在固定系统的能耗预算下，需要考虑节能与信标控制策略的平衡问题。

2. 目标服务连接的邻居探测能耗优化策略

源节点设备无线网络覆盖的一组邻居服务节点设备，根据社会化中心度被划分到不同的社区，同一社区的设备具有相似的社会化中心度，不同社区的平均中心度不同。根据节点的社区和中心度指标，以不同的信标探测频率构建不同的社区。从中心度较高的社区中选择影响力最大的节点作为临时基站节点。分配更多的能量给该节点，以提高信标探测频率，获取更多的 D2D 通信接触，从而进一步增加目标设备连接的概率。中心度低的社区节点，能量消耗预算较少,波束探测帧的探测频率低,通信距离短。文献[93]已通过数学推理,论证了采用异步波束帧探测模式,可以获得 D2D 接触探测的优化方案。将更多的能量分配给中心性节点,该策略具有合理性。本书面向分布式临时基站模式,由于社会化 D2D 网络的通信拓扑结构的不可预知性和移动模式的不确定性,此类网络的消息转发路由适合使用概率模型[143]。因此,社会化 D2D 网络的邻居节点探测过程可采用概率模型,目标设备无线连接优化问题的关键是在未知网络拓扑结构环境下对社区及种子节点的探索。本书暂不考虑策略的最优问题,而考虑人的选择优先级因素,设计隐式社会关系辅助的服务连接算法。

7.3.2 隐式社会关系辅助的服务连接算法

用户源设备与目标服务连接策略可分为两个阶段,即人直接交互阶段和隐式社会关系辅助的邻居节点探测优化阶段,如图 7-3 所示。在体感网的物理无线通信覆盖范围内,根据用户倾向,用户直接参与周边服务节点的连接,随机选择一组种子节点;与体感网直接连接的设备作为种子节点,每个种子节点构建局部隐式社会关系网络,并在社会关系辅助下进行有目的的迭代连接,直至发现所有目标服务节点。与已有的基于基站的 D2D 病毒传播扩散模型相比,信息传播受三个方面的约束:带人倾向的周边设备选择、受物理通信范围限制的 D2D 连接、隐式社会关系辅助的自组织网络。

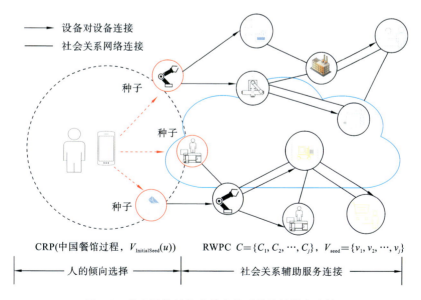

图 7-3 带人属性的隐式社会关系辅助的服务连接

1. 带人倾向的初始种子节点选择算法

由 3.3 节所提的个体服务需求模型可知,用户的需求倾向由一系列子服务需求组成,且一个用户服务请求可由不同类型的服务提供满足。如车间物流搬运案例中,工人向邻近 AGV 发送的搬运服务请求包含物料搬运服务、成品搬运服务、半成品搬运服务等多种类型,该 AGV 被选择提供服务的概率由多个子服务类型的选择概率组合确定。用户的某邻近 AGV 节点被选择作为初始种子节点的概率可由狄利克雷过程描述。因此,邻近 AGV 被选择作为初始种子节点的概率问题可采用典型的中国餐馆过程(Chinese restaurant process,CRP)[144]求解。

中国餐馆过程是用狄利克雷过程描述的最常见的问题之一。在中国餐馆过程中,假设一个中国餐馆中可以有无限张桌子,来吃饭的第一位顾客坐了第一张桌子。对于每一位顾客,都按照如下规则落座:第 n 位顾客选择第 k 张桌子落座的概率为 $n_k/(\alpha+n-1)$,其中,n_k 表示第 k 张桌子上已经有的顾客数,$n-1$ 表示在这位顾客之前已有的顾客总数,α 为系统设置的常量参数;顾客选择坐在一张没有人坐的第 $k+1$ 张桌子上的概率为 $\alpha/(\alpha+n-1)$。可将服务类型视为桌子,候选种子节点视为顾客。

人与邻近服务提供节点的集合为 V,当前用户节点 $u(u\in V)$ 的邻居节点集合为

$$N(u)=N_{\text{D2D}}(u)\bigcup N_{\text{soc}}(u) \tag{7-15}$$

其中:$N_{\text{D2D}}(u)$ 表示节点 u 在 D2D 通信网络中的邻居节点集合;$N_{\text{soc}}(u)$ 表示节点 u 在社会关系网络中的邻居节点集合。

由于人机设备资源受限,用户请求信息转发过程中,承担路由功能的种子节点尽可能选择信息转发能力更高的邻居节点。由 7.2.3 节可知,联合度分布是评价邻接节点连接能力的重要指标,因此可作为初始种子选择的指标。对于候选种子节点 $v(v\in N(u))$,边 e_{uv} 对应的权值为

$$w_{uv}=p_{uv} \tag{7-16}$$

其中:p_{uv} 为节点 v 的联合度分布。

可得用户节点与候选种子节点连接图 $G_{\text{candidate}}(W)=(N(u),E,W)$,$e_{uv}\in E$,$w_{uv}$ 为 W 中对应的元素。

若用户需求存在多种服务类型,当前用户节点 $u(u\in V)$ 的服务需求包含的类型集合 $M=\{m_1,m_2,\cdots,m_k\}$,$k\in N_{\text{seed}}$,N_{seed} 为系统预设种子节点数量上限。

候选种子服务节点 $v(v\in N(u))$ 被选择以满足用户服务需求类型 $m_i(m_i\in$

第 7 章 隐式社会关系辅助的人机服务连接优化策略

M)的概率为

$$P_{\text{sel}}(m_i,v) = n_i/(\alpha+n-1), \quad i \in [1, N_{\text{seed}}] \tag{7-17}$$

其中：n_i 表示已经被选择作为该类型服务的候选节点数；n 表示已被选择满足用户请求的邻接节点数；α 为系统常数。文献[145]表明，迭代应用社团分割与合并规则，同类服务节点组成的人机社会关系总可收敛为一个稳定的网络联盟结构。

作为特例，本书的研究针对工人与 AGV 协同搬运场景，仅考虑同种工件搬运的情形，即用户倾向服务类型相同。为简化模型，令 $\alpha=1$，则种子节点的选择问题可简化为用户与邻接节点边的权值 w_{uv} 排序问题。可得，节点 u 的初始种子节点集合的规则为

$$\begin{cases} V_{\text{InitialSeed}}(u) = \{v_i\}, \\ \max w_{ui}, i \in [1,j], j = |N(u)| \end{cases} \tag{7-18}$$

带人倾向的种子节点选择过程示例如图 7-4 所示。借鉴中国餐馆过程，设计种子节点选择算法，伪代码描述如表 7-2 所示。算法设计的目的是在进行候

用户节点 v_1 邻接节点	v_1 邻近D2D链表	1	2	3	...	N_{seed}
	v_1 连接可用性 b_{ij}	1	1	0	...	0
	边 e_{ij} 的权值 w_{ij}	0.6	0.5	0.4	...	0.1
	候选种子节点	v_2	v_3	v_4	...	v_j

不同服务类型倾向下候选节点选择概率

v_2 倾向类型	选择概率 $P(v_2,m_1,m_2,n)$
m_1	0.24
m_2	0.13
⋮	⋮
m_{target}	0.01

v_3	$P(v_3,n)$
m_1	0.88
m_2	0.72
⋮	⋮
m_{target}	0.6

根据CRP规则选择种子节点

m_1 倾向类型节点上限 N_{seed}	m_2 倾向类型节点上限 N_{seed}	m_3 倾向类型节点上限 N_{seed}	...
v_2	v_3		
1	0	0	
$1/(1+\alpha)$	$\alpha/(1+\alpha)$		
$1/(2+\alpha)$	$1/(2+\alpha)$	$\alpha/(2+\alpha)$	
$1/(3+\alpha)$	$2/(3+\alpha)$	$\alpha/(3+\alpha)$	
⋮	⋮	⋮	

图 7-4 带人倾向的种子节点选择过程示例

选种子节点筛选前,设定随机选择第一个节点的规则。首先,获取用户邻接节点及其联合度分布,按照最大概率将节点划分到不同倾向类别,每个类别节点社区的最大节点数为 N_{seed},N_{seed} 为系统预设种子节点数量上限;其次,选择每个组内权值最大的候选节点作为种子节点。

表 7-2　带人倾向的种子节点选择算法的伪代码

```
Initialize: u,N_seed= n,α= 1,V_InitialSeed (u)= ∅,
Input:    G_enhanced (V,E)= (V,E_soc ⋃ E_D2D)
Output:   V_InitialSeed (u)              //用户节点 u 的种子节点集合
1: For i= 1:|G_enhanced (V,E)|           //获取用户邻接节点及权值
2:     IF v_i ∈ N_D2D (u)⋃N_soc (u)
3:     Caculate w_ui= p_ui by Eq.(7-16),  //获取邻接边权值作为候选节点评价指标
4:     V_neighbor (u)←v_i, e_uv ∈ E,w_uv ∈ W
5:     G_candidate (W)= (V_neighbor (u),E,W)  //获得用户节点与候选种子节点连接图
6:     If V_neighbor (u)≠∅
7:         first= cluster().add(0),       //第 1 个候选种子满足第 1 类服务
8:         restaurant= [first],           //已经参与筛选的所有候选种子节点数
9:         pn= 1/restaurant,              //CRP 中新桌子指标 α/(α+n-1),α=1
10:        For j= 1:|V_neighbor (u)|      //节点被划分为不同服务类型社区
11:            calculate p[j]= P_sel (m_j,v) by Eq.(7-17),
12:            get Caveman(C,v[j]),       //相同倾向类型节点社区 Caveman 相似函数[146]
13:        End for
14:        Max(p),                        //选择概率最大的节点加入权重比较队列
15:        maxIdx= index(Max(p)),         //获取最大连接概率节点编号
16:        If Max(P)< pn ‖ |C|<= n        //倾向类型数量上限
17:            If random.uniform(0,1)< pn //创建新服务类型倾向社区
18:                new= cluster(),
19:                C←v[maxIdx],
20:            End if
21:        End if
22:    End If                             //获得候选种子节点集合与筛选顺序
23:    For k= 1:|C|                       //候选种子节点的编号
24:        Caculate Max{w_uk} by Eq.(7-18),
25:        V_InitialSeed (u)←v[k],        //初始化种子节点
26:    End for
27: End for                               //i,j,k 为循环变量
```

2. 隐式社会关系辅助的服务连接算法

隐式社会关系辅助的服务连接算法的基本步骤如下。

第 7 章 隐式社会关系辅助的人机服务连接优化策略

步骤 1：用户根据倾向概率选择种子节点。基于静态的社会关系，以用户邻接节点的联合度分布作为指标，通过本书所提的带人倾向的种子节点选择算法确定初始种子节点集合。

步骤 2：针对每一个种子节点，构建临时局部动态的隐式社会关系，并根据历史接触记录发现社会网络节点的社区和最有影响力的节点，通过本书所提的随机游走与社区划分（RWPC）的隐式关系构建算法获取次级种子节点集合。

步骤 3：以上述种子节点为探测路径，以目标服务编号为消息副本，根据本书所提的邻居探测能耗优化策略，将无线探测帧能量优先分配给种子节点，有目的地迭代，将消息副本传送到目标服务节点。

隐式社会关系辅助的服务连接（implicit social ties-assisted service connection，ISTSC）算法的伪代码如表 7-3 所示。

表 7-3 隐式社会关系辅助的服务连接算法的伪代码

```
Initial: u, (x_0, y_0)              //用户节点及位置
Input: γ_h^* = {v_1, v_2, ..., v_m}  //待连接目标服务节点，来自第 6 章 LOSE 算法输出结果
Output: Path = (v_1, v_2, ..., v_n)  //探测策略中经过的节点及能量分配

1: For i= |γ_h^*|, i>0, i−−          // ISTSC(γ_h^*, E)通过种子节点迭代发现目标
2:    If i==!0                       //用户节点位置(x_0, y_0)的邻近区域存在服务节点
3:       Caculate G_candidate(W) = (V_neighbor(u), E, W)
                                     //创建用户节点社会关系连接图
4:       Caculate V_InitialSeed(u) by CRP(V_InitialSeed(u)),  //表 7-2 中的中国餐馆问题解
5:       For j=1 : |V_InitialSeed(u)|
6:          Caculate C={C_1, C_2, ..., C_j}, V_seed={v_1, v_2, ..., v_j} by RWPC,
                //通过表 7-1 的算法，获取隐式社会关系中的社区及次级种子节点
7:          For k=1 : |V_seed|
8:             Path[i]=v_k,          //能耗分配与优化策略
9:             If v_k ∈ γ_h^* ∪ V_seed,  //目标服务节点连接成功
10:               i=i−1,
11:         End for
12:      End for
13: End if
```

本算法的复杂度为 $O(N^{|C|})$，复杂度随着社区分组数量 $|C|$ 的增加而呈指数增长。尽管迭代算法能通过算法优化技术降低工作负载，但降低社区分组数

量对算法复杂度改善更加明显。

然而,本书所提社会关系辅助的本质是:通过探测更多的社区与种子节点,更高效地分配探测的能量,即增加社区的数量可以获得更好的能耗优化表现。本书所提的目标服务连接算法需要从社区分组数量与算法复杂度两个方面权衡。社区分组的数量由系统预设的种子节点数量上限值决定。因此,优化种子节点数量,可提升目标服务连接算法的效率。

7.4 方案性能评估与分析

7.4.1 仿真数据与真实数据集

为了验证带人属性隐式交互信息传播方法的性能,用人工假设数据集和真实数据集进行仿真分析。仿真工具使用 The ONE(the opportunistic network environment)仿真器[147]和 MATLAB。The ONE 是一种离散事件仿真器,以离散接触的形式进行无线通信连接建模,是分析移动与社会化网络的专门工具[147]。MATLAB 用于分布模型与无线网络能耗分析。

1. 仿真环境假设与合成数据仿真参数

本章所提优化方法与地理位置无关,暂不考虑初始地理位置与分布。为了与已有文献报道的 D2D 直接交互方法相比,暂时不考虑服务类型的差别,即用户的倾向类型相同。因此,可以将隐式社会关系辅助过程简化为节点连接概率的排序问题。仿真场景为圆形区域,半径为 100 m,CRP 参数 α 为 1,人机设备节点服从均匀分布(uniform distribution)。假设第 4 章人机服务互操作发现一组目标服务,该服务包含的节点数为 10。工人与群集的周边设备数量为 100。种子节点数量初始值为 4,则社区分组的数量为 4。初始社会关系权重为随机值 Random[0,1]。体感网直接交互与社会关系辅助的场景布局如图 7-5 所示。图 7-5(a)所示为用户体感网及邻近节点初始布局;图 7-5(b)所示为隐式社会关系辅助的社会化 D2D 网络初始布局;图 7-5(c)所示为某时间窗口的社会化 D2D 连接图演化结果,体感网的圆形区域无 D2D 连接;图 7-5(d)所示为隐式社会关系构建过程中社区划分与种子节点筛选。

传统 D2D 目标服务无线连接或机会接触过程为随机(random)扫描[146,148]过程。本书在随机传播基础上进行了方案改进,通过隐式社会关系辅助,源节点有目的地扫描目标服务节点。本书隐式交互机制的性能评估仿真实验合成数据及仿真环境参数设置如表 7-4 所示。从一个完全图开始,随机选择一个节点,获取

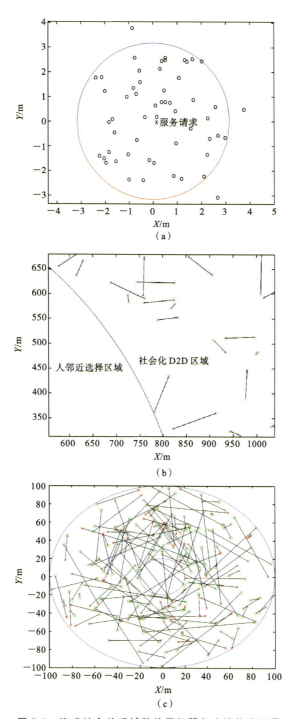

图 7-5 隐式社会关系辅助的目标服务连接仿真场景

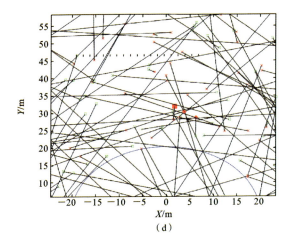

(d)

续图 7-5

其邻接节点,并通过转发概率指向另外一个节点,构建两节点的连接边,即探测到有效连接。为了更好地模拟工业场景中的动态接触行为,采用 The ONE 曼哈顿移动模型工具包,在已有社会关系连接图中随机选择一组节点,并且使得该节点与其他节点在相同的子图相遇。单次仿真时间周期为 600 个时间窗口(dissemination time slot),实验 100 次取平均值,得到平均完成率与时间窗口数量的关系。间隔 30 个时间窗口取值,进行采样观测,获取离散的平均完成率数值。

表 7-4 仿真实验合成数据及仿真环境参数设置

参 数	数 值	参 数 说 明
V	100	人机设备节点数
N_{seed}	2,4,6,8	系统预设的种子节点个数上限
M_θ	10	用户待连接的目标服务节点集合 γ_h^* 中的节点个数
R_{area}	100	用户邻近半径(m)
N_{iso}	2	社会关系起始孤立点/初始随机点
N_{caves}	10	同类型节点 Caveman 社区的数量上限值
N_{c_size}	10	单个社区大小/节点数量上限值
R	20	D2D 接触的短距离无线通信半径(m)
$X_{phy\_meet} \sim U(a,b)$	[6,9]	网络节点 D2D 接触长尾分布
$X_{inner\_meet} \sim U(a,b)$	(9,81]	接触间隔平均分布
T_{avg_C}	3	单元时间间隔(s)
T_{avg_in}	10	平均接触时长(s)

2. 真实数据集

现使用真实物理环境中 D2D 通信接触数据集来验证本书所提算法的性能。Intel[148]真实轨迹数据集源自 Cambrige Haggle 项目，包含 128 名志愿者在 Intel-Cambrige 联合实验室 6 天的日常活动记录。志愿者携带小型 iMotes 设备产生和记录 D2D 通信接触信息。SIGCOMM09[149]记录了 76 名志愿者在 SIGCOMM2009 会议期间的相遇信息。志愿者携带 HTC S620 智能手机，手机预装记录 D2D 通信与位置的应用程序。

因为真实数据集有局限性，在分析中进行如下预处理：在 Intel 和 SIGCOMM09 数据集中，志愿者在会场或者办公室的出行时间、活动特征、接触方式等差别较大，若以按需间歇性启动设备的方式降低能耗，将导致数据传输概率较小。因此，在本章所提的算法中，假设设备一直处于激活状态，即在隐式社会关系辅助及设备间协同阶段，真实数据集所用设备均保持活动状态。在 SIGCOMM09 原始数据集中，D2D 设备对之间的接触时长未记录，为便于仿真分析，设置接触时长为 10 s。

7.4.2 方案评估指标与影响因素

以消息传播的平均完成率、能耗为评价指标，分析不同连接种子节点数量、接触频率、接触时长等因素对所提目标服务节点无线连接算法的影响。

1. 平均完成率指标

平均完成率（average completion rate，ACR）是指每个邻近服务提供节点收到消息副本中包含目标服务节点的数量与目标服务节点总数的比：

$$\text{ACR} = \left(|V|^{-1} \sum_{i=1}^{|V|} n_i \right) \Big/ |M_\theta| \qquad (7\text{-}19)$$

其中：n_i 表示第 i 个邻近节点收到的目标服务节点数量，$i \in V$；M_θ 表示需求消息中目标服务节点数。

平均完成率 ACR 描述了目标服务节点被连接的能力，可作为性能评价指标。

2. 能耗与网络寿命指标

为了与普通的移动路由协议相比较，对本书的场景进行如下简化：① 节点服务与类型无差别，在能耗评估过程中，采用相同的选择概率、倾向类型；② 本书针对无线连接阶段的网络性能分析，仅考虑无线通信模块的能耗，如暂不考虑人与周边移动机器人 AGV 采用的智能嵌入式设备与可穿戴设备的差异，统一为相同的无线传输模块和能量预算。以智能移动终端为例,可以认为智能手机通常储有 100~15000 J 能量。从能量预算与网络寿命两方面进行分析,通过设置不同的智能手机能量预算,实现节点无线探测频率的调整,从而与本书优化理论保持一致。

3. 种子节点数量影响因素

由于体感网/手持智能设备及智能设备资源受限,它们与周边群集智能设备直接连接数量(种子数量)将影响交互体验,故使用数值计算方法探索在某一性能目标下的体感网连接数量,该指标是隐式交互中目标服务连接的能耗优化参数之一。本书所提方案使用种子节点数量限制节点社区数量,社区数量决定了 ISTSC 算法的复杂度 $O(N^{|C|})$,因此需要探索合理的种子节点数。

4. 接触间隔影响因素

接触间隔表征用户设备或邻居设备节点发起消息转发的频率,平均接触间隔越短,网络节点平均接触频率越高。由 7.2.2 节的理论分析可知,社区邻居节点探测频率决定因素为平均接触频率。

5. 接触时长影响因素

接触时长体现了节点统计历史接触记录的时间。若每个节点无差别地分配无线探测能量,则可假设单元内的接触记录为固定值。接触时间越长,包含的单元时间间隔越多,导致隐式社会关系构建的节点数越多。然而,在真实场景中,单位时间内的接触记录具有不确定性,本书通过能耗优化策略获得最优探测方案,动态地最大化个体节点的探测接触记录数量。

7.4.3 计算结果分析

1. 不同传播策略对目标服务发现率的影响

如图 7-6 所示,与文献[150]方法相比,本书所提策略能显著提升目标服务节点探测发现率。在未使用本章所提社会关系辅助探测方案时,D2D 无线探测过程具有随机性,仿真分析中可采取机会网络社区随机(random)传播方案[130]作为传统的方法。在用户周边服务节点连接的种子节点数量为 10 的情况下,社会化 D2D 交互机制在任意时间窗口的平均完成率总体上优于随机转发机制。在第 450 个时间窗口,社会化 D2D 交互机制的平均完成率最大值趋于 80%,随机转发机制的平均完成率最大值趋于 73%。在第 420 个时间窗口,随机转发机制平均完成率达到极值,但社会化 D2D 交互机制持续投递消息,并在约 30 个时间窗口后达到极值。这表明在相同的物理连接网络环境和移动模型下,带社会关系的社会化 D2D 交互机制消息传播的平均完成率提升了 7 个百分点,增加了目标服务节点的连接效率。与随机转发机制相比,社会化 D2D 目标服务发现方法考虑社会关系及人的倾向因素的种子节点选择机制,通过隐式关系增强网络的连通程度,提升了目标服务发现的平均完成率。

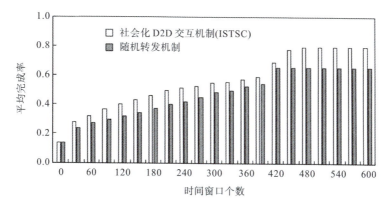

图 7-6　不同 D2D 消息转发机制的性能比较

2. 优化策略对网络寿命与网络能效的影响

与传统的 D2D 直接交互方法不同,本书所提 ISTSC 算法根据社会关系辅助与种子节点来选择迭代。为了简化仿真过程,根据上述仿真理论分析,采用 Wi-Fi 协议,智能手机(预设总能量为 100 J)剩下能量预算为 1~100 J。如图 7-7(a)所示,与 D2D 直接交互方法相比,本书所提 ISTSC 算法使得智能手机的网络生存时间更长。在第 400 次 D2D 连接(即第 400 个时间窗口)时,传统的 D2D 直接交互方法下网络节点均退出网络,而本书所提 ISTSC 算法下网络节点 100% 存活。ISTSC 算法总是将有限的能量分配给固定数量的邻居节点,且邻居节点下一次迭代的候选种子节点均有较高的个体影响力,能使用更少的能量预算获得更多的节点,减少了不必要的扫描。在能效方面,如图 7-7(b)所示,与传统的 D2D 直接交互方法相比,本书所提 ISTSC 算法整体上具有较大的优势。在初始位置,设置手机剩余能量为 1 J,ISTSC 算法目标服务发现与连接的平均完成率达到 22%,而传统 D2D 直接交互方法的平均完成率为 0.02%;手机设置剩余 100% 能量时,ISTSC 算法目标服务连接平均完成率达到 81%,而传统 D2D 直接交互方法的平均完成率为 40%。手机节点设置 1~100 J 能量预算时,ISTSC 算法整体的目标节点连接平均完成率均高于传统 D2D 直接交互方法的。ISTSC 算法在原有 D2D 传播基础上,总是选择社区中心度最高的节点,该节点具有更多的机会与邻近设备连接。在高度拥塞的场景下,社区规模较

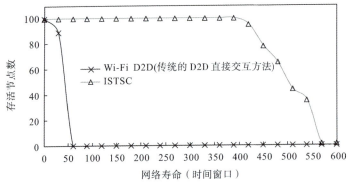

(a)不同D2D节能方案的设备网络生存寿命比较

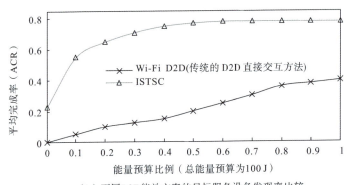

(b)不同D2D能效方案的目标服务设备发现率比较

图 7-7 不同算法下的能耗优化策略性能比较

大,中心性节点一次探测的能效明显高于普通节点。

3. 体感网连接设备数量对目标服务连接效率的影响

如图 7-8 所示,体感网连接设备数量增加,目标服务节点探测能力逐渐提高,且提升趋缓。考虑到联网设备的资源受限,种子节点数量直接影响本书所提算法的复杂度,增加了用户体感网设备的负载,从而影响交互体验。设定初始种子节点数分别为 2、4、6、8,达到平均完成率上限的时间窗口分别为第 240 个时间窗口、第 420 个时间窗口、第 450 个时间窗口、第 480 个时间窗口,种子节点数量越大,传播能力提升持续的时间越久。随着种子节点数量从 2 增加至 8,消息传播平均完成率从 40% 增加到 95%,即随着种子节点数量的增加,消息传播的性能逐渐提高,消息传播平均完成率增幅分别为 40 个百分点、10 个百分点、5 个百分点,消息传播性能增幅逐渐减小。当种子节点数量大于 8 时,消息传播性能提升的最大空间仅为 5%。种子节点数量代表体感网同时连接周边物理设备的数量和计算能力,在设定用户满意度的条件下,需寻求一种平衡连接能力与设备成本的方案。该仿真结果表明,在给定的消息平均传输率目标区间内,种子节点数量具有可预测性。因此,在用户设定的满意度下,可以根据数值计算结果对人的体感网设备的连接能力进行预测,为工业物联网节点交互参数选取提供理论依据。

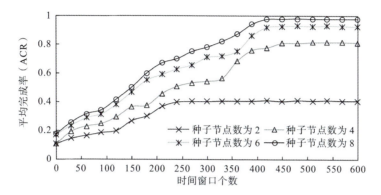

图 7-8　不同种子节点数量对目标服务节点探测能力的影响

4. 不同接触频率对目标服务连接能力的影响

利用真实数据集,分析接触频率对目标服务连接的影响,结果如图 7-9 所示。总体来看,在相同的单位时间长度内,与 Intel 数据集相比,SIGCOMM09 场景下整体目标发现率较高;在 0～10 h,SIGCOMM09 数据集中 ACR 增长速度较快;42 h 后,SIGCOMM09 数据集的目标服务连接平均完成率约为 70%,而 Intel 的约达到 40%。真实数据集由于场景不同,设备无线接触受人的移动

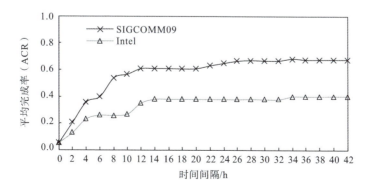

图 7-9　不同接触频率对目标服务连接能力的影响

模型与日常任务影响，表征为节点接触频率的差异。SIGCOMM09 场景属于有特定交流目的的场景，会场人员涌现且社交活动集中，驱动更多的设备节点移动与接触，具有更大的潜力接触目标节点；Intel 数据集基于日常办公室场景，志愿者保持相对独立的工作日程，节点接触频率稳定。

5. 联系时长对社会关系强度的影响

使用 Intel 数据集，将本书所提算法与 BUBBLE Rap[137]社会化社区算法进行比较。因为真实数据集部分数据通过蜂窝基站传递，并非理想的社会化 D2D 场景，为公平比较，将蜂窝基站及中继路由器视为普通移动用户节点，总是保持相同数量的消息副本。如图 7-10(a)所示，与 BUBBLE Rap 算法比较，本书所提算法延时性改善明显。从第 12 个小时开始，本书所提算法的时延明显降低。随着联系时长增加，隐式社会关系连接增多，同时社区划分的规模逐渐扩大，导

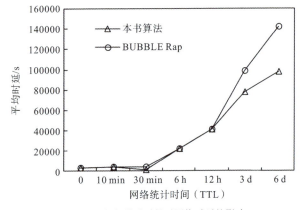

(a) 联系时长对网络时延的影响

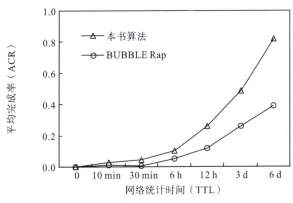

(b) 联系时长与服务发现与连接完成率

图 7-10　不同联系时长下方案性能评估

致 BUBBLE Rap 消息副本呈指数增长，实时性降低。而本书所提算法基于种子节点控制消息传递与接收的数量，单个节点处理邻居节点消息数量保持均衡。如图 7-10(b)所示，随着联系时长的增加，目标服务节点发现与连接的平均完成率逐渐提高。与 BUBBLE Rap 算法相比，本书所提算法平均完成率的增速明显较快。在网络统计时长为 6 d 时，本书所提算法消息副本的平均完成率达到 81%，而 BUBBLE Rap 算法消息副本的平均完成率为 39%。随着网络统计时长增加，用户接触记录逐渐增加，节点在社会化 D2D 网络中的联合度分布增加，更容易建立隐式社会关系，但同时也会增加新的节点社区。社区数量的增加造成节点个体花费更多资源进行筛选，而本书所提算法由于预设社区数量，个体节点能用更多的计算时间探测新的中心性节点，从而表现出更高的连接能力。

7.5　本章小结

本章开展了如下研究工作：首先，以节点移动接触作为隐式社会关系图的边，提出了一种隐式社会关系的随机接触构建(RWPC)算法。然后，分析了群集环境下目标设备连接阶段的无线探测能耗问题，并给出目标服务连接的邻居探测能耗优化策略，通过设计一种带人倾向的种子节点选择算法，实现人机隐式社会关系辅助的目标服务连接(ISTSC)策略。最后，通过仿真实验与传统基于社区的随机消息转发方法比较，发现所提社会化 D2D 交互机制的消息传播平均完成率最大值提高 7 个百分点；且定量分析表明，手机设备与周边智能设备的连接数量具有可预测性。

第8章 智能车间物流的人机联合作业生产调度案例

8.1 引言

以人为中心的工业物联网技术在工业 4.0 应用场景逐渐部署,但大量带微型服务器的嵌入式器件安装于各类工业资源,导致人机混杂工业场景异常复杂,使得针对工业物联网搭建实际 D2D 人机互操作测试系统的难度大、施工周期长且成本高昂。而现有物联网网络仿真平台测试对象均面向一般场景,并未考虑工业场景中人的移动性与社会性对物联网性能的影响,难以满足测试工业物联网 D2D 人机互操作性能的要求。

因此,本章针对工业物联网人机互操作的人机移动接触临时性、群集社会性特征,引入 The ONE 开源框架[147]与 Mason 多代理仿真工具包[129],构建一个工业物联网人机服务互操作仿真平台,针对装配车间人机混杂物流生产线平衡性、能耗等问题,对本书所提人机互操作相关理论方法进行仿真评估。

8.2 Andon 系统中人机隐式互操作

8.2.1 工业 4.0 车间物流 Andon 系统

智能工厂通过以人为中心的工业物联网来捕获工人和智能机器无处不在的数据和服务,提升人在工业 4.0 生产环境中的感知与控制能力。Chaku-Chaku 生产系统是工业 4.0 人机一体化生产系统的典型案例[151],它需要作业员放置物料,按下工作按钮,并需要作业员把半成品带到下一台机器,每一道工序都有人的参与,加入了人的智慧。人与工业机器人协同组装具有人工增值含量高的优势,但这种方式因人为错误所造成的缺陷高达 40%,而且缺陷总是不明显或不易被检测到[152]。如不及时报告、控制人为错误,则会不断产生新缺陷,并可能导致整体组装产生缺陷累积,造成错误生产成本骤升[153]。在实际生产中,原料、设备、工装及操作工人的异常会影响生产节拍,导致整个生产线不平衡。智能工厂中工人、运输机器人、部件、工位检测装置之间相互提示信息,能及时收集并定位异常信息[154],避免累积装配错误,如增加自检和组装指导提示系统、异常交叉报警系统、组装设备之间的状态智能关联系统等。

通常,为了避免停工或者车间物流资源短缺,Andon 系统作为汽车零部件精益生产制造管理的核心工具被部署[155],将制造过程中出现的异常信息在最短的时间通知给工人或纠错人员,引导操作员进行选料配料,实现精准选料配料,提升装配系统节拍平衡性,提高生产效率,保证产品质量。汽车部件组装生产过程自动化管理具有较高复杂性,同时也需要高度的灵活性,是人机互操作系统的典型工业案例。一般汽车装配线包含 40 个以上的顺序工作站,如果其中一个工作站的工人或机器人出现错误,工人必须停下整条或部分生产线,如工人自身安全异常、装配操作异常、仓库部件物料严重缺乏或工位半成品堆积异常等。Andon 系统包含两个子系统:人机状态异常隐式信息互操作系统和人机协同的物流系统。

8.2.2　Andon 系统中人的信息集成

通常,Andon 系统中工人的信息集成由三部分组成:信息采集、信息引导和信息发布。车间现场部署的信息采集和信息引导系统组件,用于汽车装配线现场的操作工人、维修保障人员、物料供应人员之间的信息传递与反馈,通过人与人、人与设备、设备与设备之间的协作实现各个岗位的高效运行;管理人员办公室或者中控室部署信息发布系统组件,用于远程监管生产,供纠偏人员进行生产决策及完成其他工作,如实时掌握全局生产状态、制定生产计划、核算物料成本、启动工人医疗求助与紧急援救方案等。随着以人为中心的工业物联网系统的逐渐应用,Andon 系统的"生产异常"消息反馈系统由传统的工位信号灯、拉绳、按钮、触摸屏、看板等传递形式向工业 4.0 下人机隐式交互发展,如增强现实眼镜、体感网等。在各个物理装配对象上部署以人为中心的物联网服务中间件,提高异常信息收集的全面性,减少人的异常自我检测、反馈、纠偏环节工时,可以避免数秒到数小时的错误生产和物料浪费,从而提升生产线平衡性。在工人装配任务中,周边邻近装配设备与服务节点自然、隐式地完成工人异常检测、反馈信息传递、零部件与搬运服务再配置,从而减少工人异常自我检测与反馈时间,提高人机一体化效。

工人的信息接入与服务封装是 Andon 系统的关键,是错误发现、错误纠偏、系统监管的核心环节。汽车零部件装配车间精益生产中,工人的行为动作分为必要动作、非必要动作、其他动作。必要动作包含增值动作与非增值动作,增值动作如拿取配件、组装零件、布线、焊接、安装附件等,非增值动作如检查、理线、上料与下料等。非必要动作包含怠工浪费与健康异常,怠工浪费包含走动、等待,健康异常包含意外跌倒、环境异常引起的动作等。非必要动作和非增值动作是精益生产系统优化的对象,通过部署工业物联网来提高人机互操作的效率,减少时间浪费。本章案例关注非必要动作中的工人异常与环境异常问题,以人为中心的集成对象包含人自身的信息与人周边工业物联网异常环境信息。人的异常信息包含心率异常等健康异常信息、跌倒碰撞等工作意外信息、不可见疲劳检测信息等,周边环境信息包含工人位置监测信息、工人装配工序信息、工人工作场地有害气体与温度监测信息等。

8.2.3 Andon系统中人机生产异常

智能工厂车间生产过程的复杂性和不可预测性导致"人、机、环、料、法"各方面的异常情况时有发生,人的干预与调整日益繁杂。为了更好地设计人机混杂的车间异常反馈系统,将智能工厂车间生产异常事件按照"人、机、环、料、法"进行分类。表8-1以某车间物流的实际异常状况为例,对人机混杂环境下的异常进行了分析,包括环境异常、人员异常、设备健康异常、车间物流异常、工作流程异常、调度异常等。异常等级强度为[0,1],由专家系统根据行业标准及企业自身经验进行权重调整。

表8-1 人机混杂环境下异常分析

异常来源	异常类型	异常等级*	测量参数
人的直接活动	生理健康	高(0.88)	心率、体温、姿态等
	技能与考勤	高(0.81)	位置、时间、排班
	调度异常	高(0.85)	订单、时间、地点
	工作流程异常	中等(0.61)	设备ID、人员ID
智能工业环境	环境异常	极高(0.98)	温度、有害气体
	设备健康异常	较高(0.78)	温度、工序报告
	车间物流异常	高(0.80)	位置、物料ID
	工作流程异常	中等(0.48)	位置、设备状态
	调度异常	较低(0.38)	订单、时间、地点

* 异常等级由具体的应用场景及专家系统经验值确定,取值范围为[0,1],表中参数为示例。

(1) 环境异常　包括随时间变化的温度、湿度、有害气体指标异常,生产过程受到强磁、强电等导致的"物理异常",生产过程中可能导致安全问题的"安全异常"。

(2) 人员异常　主要有员工出现在其他工位的"位置异常",员工上班时出现伤病而导致生产效率下降的"健康异常",员工未按时上下班引起的"出勤异常",员工培训不足、技能不足及选人错误等导致的"技能异常"。由于健康与技能异常导致的生产降效结果相似,本书将二者合并为"健康/技能异常"。还有与工人自身安全相关的异常,如智能车间或者仓库的环境异常、工人与移动智能搬运设备的路径碰撞、货物垮塌的二次事故。

(3) 设备健康异常　包括设备所需的辅助工具异常而导致的"辅具异常",运行过程中由于电气系统、控制系统等系统组件异常而产生的"设备故障",加工分配到错误设备的"选型异常",以及设备维护方面的"保养异常",等等。

(4) 车间物流异常　包括错误物料配送到工位的"型号异常"、物料数量低于可接受最低值产生的"数量异常"、物料质量不合格导致的"质量异常"。

(5) 工作流程异常　包括生产过程中出现加工顺序错误、物料或工具使用错误等问题的"执行异常",由于生产工艺计划错误而导致的"方法不合理异常",由生产方法叙述及展示原因导致的"展示异常"。

(6) 调度异常　包括由于订单临时增加或紧急撤销、生产计划变化而导致的"交货期更改",由于生产计划错误而产生的"计划异常",等等。

8.2.4　生产异常触发的隐式人机互操作

文献[140]通过奥地利某工业 4.0 场景的试点案例,探索了智能装配车间人、工业机械手臂、AGV、物料与工具智能协作框架的可行性。以人为中心的物联网支持工人自身生理状态异常移动监测、隐式疲劳检测、生产动作隐式识别等工业应用,实现工人与周边生产环境的服务集成[45]。本书所提人与工业物联网环境集成架构具有普适性、移动性特征。D2D 人机互操作工业场景架构示意图如图 8-1 所示。工人携带智能终端及可穿戴 RFID 分拣器,通过出入库 RFID 及无线传感器网络进行隐式定位与消息传递;车间布设备类传感器与执行器,且根据预设知识库将不同房间的相同功能设备划分为社区;传感器、执行器、RFID 等简单层次设备,通过多协议无线网关接入工业物联网系统,按用户请求,在本地直接向用户提供数据;在人与工业设备上附加嵌入式设备,构建人与工业设备的服务代理系统,实现移动状态下的服务获取。

生产过程中工位产品堆积,引发生产线平衡性异常,可以被认为是"车间物

面向智慧物流的人机服务隐式互操作

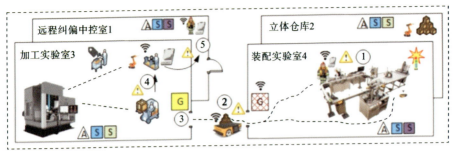

图 8-1 D2D 人机互操作工业场景架构示意图

流异常"。异常消息触发人与 AGV 协同搬运服务互操作,人机隐式搬运消息传递流程如图 8-2 所示。工人在不同工位装配点工作时,穿戴 RFID 设备或手持识别装置统计堆积成品的数量;当达到一定累积限值,体感网装置产生请求代理并向邻近区域现场设备以 D2D 的方式发起搬运服务请求;本地 AGV 匹配搬运服务,在搬运能力不足时,向邻近区域 AGV 服务联盟转发搬运服务请求,通过社会关系查找立体仓库内的 AGV;在网络空间,服务请求代理与服务提供代理通过人工势场和社会关系选择目标 AGV,目标 AGV 更新自身服务代理接触记录并传播自身待搬运任务;工人体感网提示装置及车间门禁前瞻性地开启服

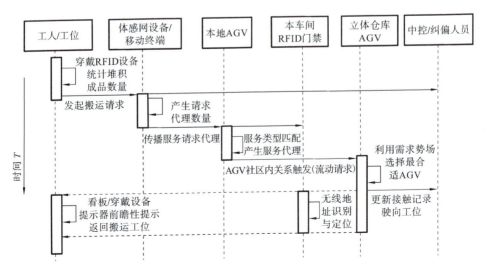

图 8-2 工人与 AGV 隐式搬运消息传递流程图

务,无缝地与 AGV 设备交互。交互过程中,工位工人、纠偏人员静默从事增值动作,同时保持任务切换的流畅性。与传统垂直式物联网系统相比,工业物联网系统能实时获取工人偏好、工作量、健康状态、工人行动、AGV 任务调度冲突等。传统的方法可能无法实时知道这些信息,或者需要复杂的看板系统来进行异步规划。采用隐式人机交互系统可以避免信息反馈动作、非必要动作、自身生理异常导致的时间浪费,同时可以减少工人装配节拍异常导致的生产系统平衡性问题。

8.3 隐式互操作模式下人与 AGV 协同搬运案例

8.3.1 关键技术在人机协同搬运中的应用

在车间物流中,一旦生产异常信息触发新的人机互操作,Andon 系统执行物流子系统,重新配置现场设备、搬运机器人、仓库等生产系统,消除个体生产异常导致的生产线平衡性问题。装配车间物流资源较复杂,人与 AGV 协同生产过程既具有人机混杂的交互复杂性,又具有智能设备的个体决策灵活性。为简化案例模型,仅考虑车间工人工位、AGV、仓库等互操作对象。本案例仅考虑隐式社会关系约束,暂不考虑预设生产工序与约束阶段的生产活动。周边搬运机器人与仓库管理系统能及时获知工人需求与工位任务,Andon 系统人机协同的物流子系统辅助车间生产线、AGV 调度。触发生产异常后,Andon 系统再次配置生产任务需要一定的时间,而隐式互操作就发生在这个时间间隙。在 AGV 与人执行搬运任务的时间区间,人与 AGV 服务代理进行隐式互操作,服务请求代理与服务提供代理在人机物理节点之间传递服务信息,产生临时的社会关系,指导或提示人与 AGV 执行任务。在该时间区间,人机设备的服务代理自组织搬运活动。Chaku-Chaku 生产系统隐式人机互操作的物流场景如图 8-3 所示。

智能装配车间工人、工业机械手臂、AGV、物料与工具能通过物联网技术进行连接与协同[133]。同时,使用移动终端和可穿戴设备,工人能及时感知自身的任务进度,并隐式地将信息反馈给周边工业物联网现场设备[156]。因此,本案例借助物联网技术,认为人与工业物联网设备能实时互操作。已有学者针对物联网车间物流系统研究 AGV 搬运问题,ZHANG Y F 等[157]基于层次分析法提出分布式感知环境下的 AGV 主动搬运系统以提高系统效率,WAN J F 等[132]基于认知物联网提出了一种邻近距离优先的 AGV 调度算法来实现 AGV 节能。

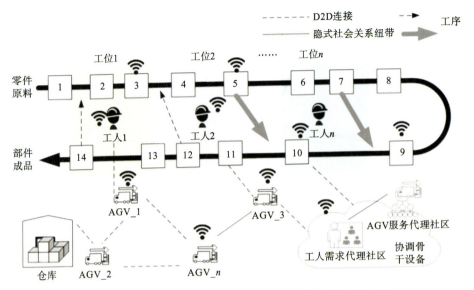

图 8-3 Chaku-Chaku 生产系统中人与 AGV 互操作的物流场景

本书车间物流系统案例考虑了人机混杂多请求多服务模式,且考虑了服务与请求的流动性,工人能同时向周边邻近区域多个设备发送搬运请求,不同运载能力的 AGV 组成设备联盟完成一个搬运任务。

1. 位置触发的按需 AGV 搬运服务发现

采用第 6 章位置触发的按需服务发现算法,提升工位搬运需求与 AGV 搬运服务互操作的均衡性。工位触发的 AGV 搬运服务中 AGV 的选择流程如图 8-4 所示。本书案例以工人的搬运需求为中心,当工位物料或者成品需要 AGV 搬运服务时,工人向邻近的自动搬运机器人或人驾驶的推车发送位置、搬运任务数等;根据工位,AGV 使用系统的单元网格划分长度,选取工位邻近网格内的一组 AGV;根据工人与 AGV 的服务代理,构建服务请求与服务提供代理网络;构建流动需求势场,在 AGV 搬运服务社区内部筛选出一组候选服务提供代理,并根据本书所提 LOSE 算法输出与工人需求对应的一组 AGV 搬运服务节点。在该流程中,使用地理位置与需求势场筛选 AGV 节点,在具备搬运服务的 AGV 联盟中依次选择有限数量的待使用的 AGV 集合。该方法可实现协同搬运过程中群集 AGV 调度的均衡性,避免个体 AGV 连续占用工位而导致其他 AGV 设备等待或拥塞。

2. 隐式社会关系辅助的 AGV 设备连接流程

人机隐式社会关系辅助的 AGV 设备连接流程如图 8-5 所示。经过工位触

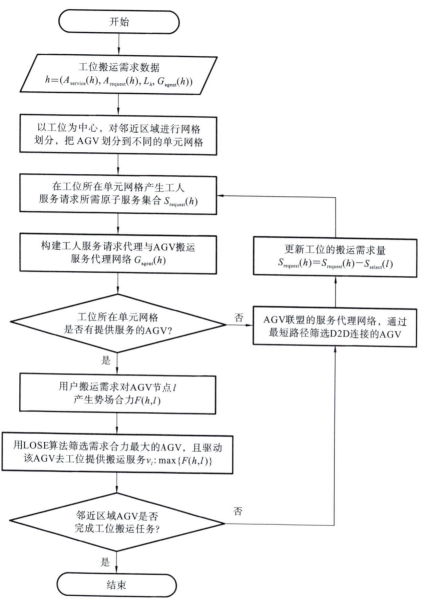

图 8-4 工位触发的 AGV 搬运服务中 AGV 的选择流程

发的 AGV 选择阶段,工人获得一组满足搬运需求的 AGV 设备 ID。这些等待被无线网络连接的设备混杂在群集的工件、其他工人、设备、物料无线环境内。

步骤 1:在工人体感网设备内存记录的设备连接中筛选出周边连接倾向最高的 AGV 设备,这些设备集合组成初始种子节点。

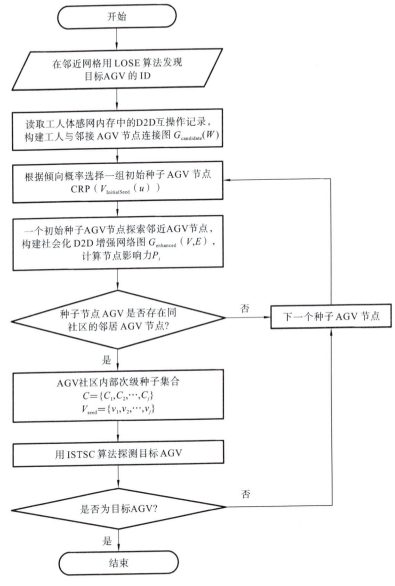

图 8-5 人机隐式社会关系辅助的 AGV 设备连接流程

步骤 2：选取一个初始种子 AGV 节点，以该 AGV 节点为临时基站，构建临时 AGV 社会化 D2D 连接图，并计算每个 AGV 在历史记录中的接触概率及影响力。

步骤 3：根据影响力约束划分 AGV 社区，发现社区中影响力最大的 AGV

节点。

步骤4：使用本书所提的ISTSC算法，按照最大影响力节点连接优先的方式探测AGV设备，如果下一步连接的节点即为目标节点，则完成连接任务；否则，临时基站传递到下一个种子AGV节点，进行迭代探测与连接。

在该流程中，对于人机混杂的通信网络，以工位或AGV社区中影响力最高的种子节点作为临时基站，临时基站在种子节点中传递，直到发现目标AGV。该方法将有限的无线探测能量预算分配给有限数量的种子节点AGV设备，避免盲目探测，从而实现节能。

8.3.2 人机隐式互操作仿真平台架构

人机互操作具有移动性，人机接触关系具有临时性，且隐式社会关系的构建基于节点内部存储的一段历史接触记录，具有移动机会网络[158]的特性。仿真软件The ONE是解决这类移动性与社会化网络耦合通信问题的经典工具[147]，基于Java语言的开源架构，已经被广泛用于解决车联网、卫星通信、城市应急规划等工程应用问题。因此，本书仿真平台基于The ONE框架，新增Mason多代理软件工具包，实现代理交互与服务节点交互的双层网络耦合的仿真。仿真软件架构设计如图8-6所示。

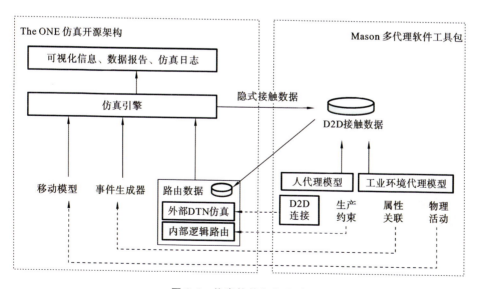

图8-6 仿真软件架构设计

仿真软件架构主要分为三层：第一层为数据报告层，输出仿真结果，包含日志、路径跟踪结果、可视化信息等，该层主要由 The ONE 开源架构实现；第二层为仿真引擎层，该层主要由 The ONE 开源架构实现，包含无线传感器网络物理模型和标准传输协议，输入仿真数据，输出仿真结果和中间接触关系，中间接触关系即为隐式接触记录；第三层为数据输入层，包含移动模型、事件生成器、路由，数据来源于 Mason 构建的多代理模型及属性参数。

案例仿真的一般思路如下：基于第 3 章所提人机服务描述，在第三层构建人机服务代理，添加属性参数；根据第 4 章所介绍的服务发现机制，在第三层构建事件生成器与移动模型；根据第 6 章所介绍的服务连接方案，在第二层构建隐式数据生产器及动态的路由数据。仿真软件界面如图 8-7 所示，采用 The

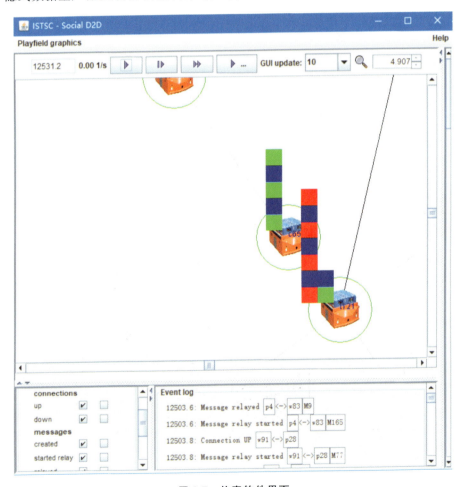

图 8-7　仿真软件界面

ONE 布局,包含服务节点接触路径统计、服务与请求数量实时显示、节点列表等,每个节点包含请求数与服务数显示条。节点移动到彼此通信范围内时,进行服务代理交换,代理间消息传递过程采用无线消息副本传递形式模拟。以生成中间文本的形式,产生节点代理接触时间、节点 ID、代理消息传递的数量等记录,进而统计新产生的隐式关系。

为了评估仿真软件的准确性,将其与商业软件 QualNet 进行比较。采用第 3 章社会化 D2D 架构作为分析对象。仿真环境的参数设置如表 8-2 所示。节点平均分布在 100 m×100 m 的二维平面区域。汇聚节点收集传感的数据,节点的数量为 3。每个传感器都有自身对应的汇聚节点,以路由转发的形式向汇聚节点传递数据。采取随机选择的方式,构建设备之间的 D2D 社会关系,选择的传感器-执行器设备对数量为 700。使用已有的节点类型 MICA2。每个源节点产生的数据包大小为 25 B,连续比特率(continue bit rate,CBR)为 0.05 s。MAC 协议为 IEEE 802.11 DCF。每组仿真时间为 600 s,对 100 组实验数据进行平均,之后进行性能评估。端到端距离表示源节点 $S(x_S, y_S, z_S)$ 到目标节点 $D(x_D, y_D, z_D)$ 的欧氏距离,表征临时基站节点无线覆盖的圆形区域大小,用于描述网络的规模。两仿真软件仿真结果如图 8-8 所示。不同网络规模下两仿真软件得到的平均跳数变化趋势一致、数值相近,表明本书提出的仿真软件能获得与商业软件 QualNet 相同的仿真结果。

表 8-2 仿真环境参数设置

参 数 名 称	参 数 设 置	参 数 说 明
N	600	网络空间的传感器和执行器数量
$Size_{dep.}$	100 m×100 m	节点分布的区域大小
N_{sink}	3	汇聚节点的数量
R	15 m	单个节点的无线覆盖范围半径
N_{pairs}	700	传感器-执行器设备对数量
$Type_{node}$	MICA2	节点类型,为 MICA2
CBR	0.05 s	连续比特率
MAC protocal	IEEE 802.11 DCF	无线传输中的 MAC 协议
Package Frame	32 B	数据包大小为 32 B
T	600 s	仿真时间

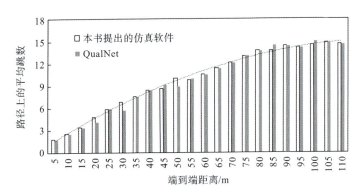

图 8-8　本书提出的仿真软件与 QualNet 仿真结果比较

8.3.3　人与 AGV 协同搬运的性能分析

针对生产系统平衡性、能耗指标,选取已有的车间 AGV 搬运方案 OTODD(one-time on-demand delivery)、CACR 方案[132]与本书所提方案进行比较。OTODD 是传统车间 AGV 作业模式,AGV 每结束一个搬运任务,直接返回仓库,等待下一次搬运请求。CACR 方案是面向智能工厂的认知物联网 AGV 调度方案,该方案中 AGV 在行进中总能通过云辅助获知周边用户请求,优先处理工件数最少的工位搬运任务,按照就近运输原则,尽可能多地贡献搬运能力,直到无搬运空间。完成所有任务后 AGV 返回仓库,等待下一次搬运请求[132]。

仿真实验参数如表 8-3 所示。车间布局区域大小为 100 m×100 m(请见附录 A 的图 A-1),单元网格划分长度为 2 m,用户服务请求发起周期由混流生产线系统节拍决定;根据某企业实际生产数据[159],生产线节拍为 18 s,平均装配工时为 130 s,AGV 运行速度为 0.5 m/s。人机无线通信范围半径为 5 m,为简化场景,人与 AGV 在工位区域的接触模型采用随机游走模型,AGV 运行模型采用曼哈顿模型(请见附录 A 的图 A-2),假设需求势场参数为 0.5。根据本书所提的人机互操作能耗优化方案,工人体感网的邻居节点服务探索并发数为 5。工人及车间仓储工作状态决定混流生产线的节拍。为简化仿真,在一段时间内,工人一直处于工作状态,且通过人机隐式社会关系集成系统,工人节点之间的连接关系为全连通图。因此,初始 D2D 连接概率可设置为"1"。AGV 根据人的需求参与装配生产中的搬运任务,其初始 D2D 社会关系连接设置为随机值 Random(0,1)。人与物联网 D2D 交互实验[160]表明,代理交互时间一般为

$0.1\sim0.9$ s,因此,服务代理接触时长可设置为 0.13 s。考虑工人增值活动范围,以单元网格位置描述工人的服务请求发起区域,用户服务代理在该区域随机分布,设置初始服务请求代理数为"20",服务提供代理数为"0"。正在执行当前任务的 AGV,既提供搬运服务又携带工位搬运请求信息。AGV 初始位置符合平均分布 $U(0,50)$,初始处于空载状态,运输能力为响应 20 个单元搬运服务,初始设置服务请求代理数为"0",服务提供代理数为"20"。车间仓库存放当天任务所需的临时物料与工具,Andon 系统理想状态下保障仓库连续参与生产,初始设置服务请求代理数与服务提供代理数均为"200"。服务请求代理与服务提供代理在人机节点中传递,直至工人请求代理数量降低至"0",则认为 AGV 完成搬运任务,且认为被选择的 AGV 行程为工位至仓库。车间人机协同搬运场景仿真如图 8-9 所示。

表 8-3 仿真参数设置

服务提供节点 $V=\{h_i,d_j,v_k\}$	D2D 连接初始概率 p_{ij}	初始位置 Grid(i,j)	搬运任务二元组服务请求与服务提供代理
工人工位 h_1	1	(3,11)	(20,0)
工人工位 h_2	1	(3,9)	(20,0)
工人工位 h_3	1	(3,7)	(20,0)
工人工位 h_4	1	(3,5)	(20,0)
工人工位 h_5	1	(3,3)	(20,0)
AGV $d_6\sim d_{25}$	Random(0,1)	(3, U)	(0,Random(0,20))
仓库 v_{26}	1	(0,0)	(200,200)

1. 生产线的平衡性

在理想情形下,通过部署人机异常隐式信息传递系统,人与工业机器人在自然工作状态下实时反馈生产信息,避免无用动作造成节拍异常。人机互操作的服务选择均衡性提升,能减少 AGV 节点等待时间,避免 AGV 搬运任务响应冲突问题。因此,生产系统的平衡问题可以视为人机互操作中服务节点发现均衡性改善问题,人机互操作服务均衡性越高,生产系统运行越流畅。用户请求包含的服务数作为生产线平衡性指标。假定人机节点实时向云辅助节点提交位置和自身搬运需求信息,OTODD 方案中 AGV 传递工位服务需求采用定向扩散(DD)方案的梯度路由,此时可将工位与仓库视为无线网络汇聚节点;CACR 方案中,采取最短距离与工位最少运载任务优先的原则,每发起一次搜

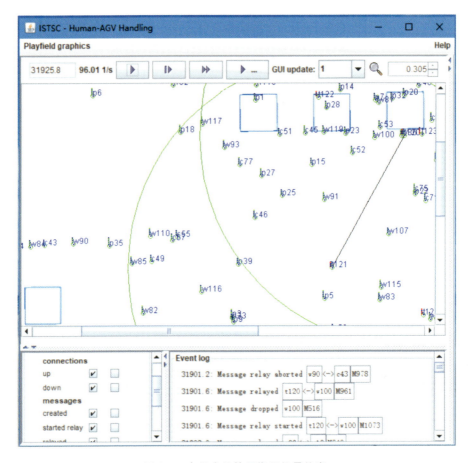

图 8-9　车间人机协同搬运场景仿真

索可视为一次服务请求。

对三个方案的人机服务请求均衡性进行比较。本书所提方案的服务请求均衡性最优,生产线的平衡性最高。如图 8-10(a)所示,OTODD 方案请求的总服务代理数波动区间为[0,105],本书所提方案请求的总服务代理数波动区间为[20,41];第 4 号节点处,OTODD 方案与本书所提方案请求的总服务代理数分别为 105、41,本书所提方案的拥塞度改善率为 61%。图 8-10(b)中,CACR 方案请求的总服务代理数波动区间为[0,63],本书所提方案请求的总服务代理数波动区间为[20,41];第 4 号节点处,CACR 方案与本书所提方案请求的总服务代理数分别为 63、41,本书所提方案的拥塞度改善率为 35%。本书所提方案在根据物理距离筛选服务节点基础上,通过节点 D2D 社会关系实现了 AGV 运载能力的协同，使得邻近网格内的多个AGV能同时满足一个用户请求。从总体趋势看，本书所提方案服务请求更均衡，生产系统的配合更流畅，从而能提升生产系统的平衡性。本书所提方案提升生产系统的平衡性，是以牺牲AGV的响应总量为代价的，会对能耗造成影响。

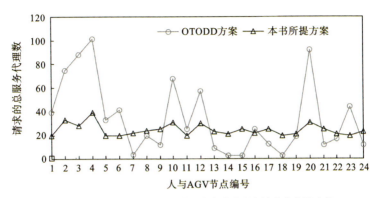

（a）OTODD方案与本书所提方案的服务请求均衡性比较

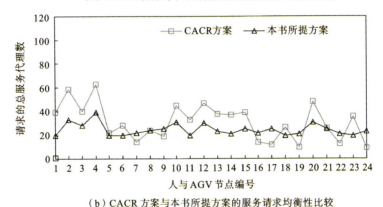

（b）CACR方案与本书所提方案的服务请求均衡性比较

图8-10 不同方案的请求均衡性（生产系统平衡性）比较

2. 生产车间工业机器人搬运系统能耗表现

通常，工业生产中搬运机器人运行能耗远高于无线传输环节。特别是运载机器人，相对搬运行走环节，其无线传输环节的能耗可以忽略不计。因此，可将AGV运行路径长度作为评估能耗的主要指标。

实际工业场景中，AGV轨道路径布局不规则，且不同应用场景的路径设计差异较大。The ONE开源仿真软件专注节点移动模型与社会关系统计，对不规则物理布局支持较弱。本书案例场景针对规则的AGV运行路径，智能车间的工位与 AGV 道路采用网格或水平和纵向交错型布局，AGV 作为移动节点在道路上移动。此类节点移动模型具有曼哈顿移动模型的特点。曼哈顿移动模型是广泛使用的接触间隔分布模型，选取该模型对本章所提方案进行检验。当 AGV 服务提供代理数为"0"时，完成一次搬运任务。本书案例根据工位布局，行程计算规则可设定为 $(\lambda n_p + D_w)$，其中，λ 表示地理单元网格划分长度，n_p 表示 AGV 与人的服务代理交互过程中在不同工位切换的次数，D_w 表示 AGV 最后一次服务代理交互所在的工位到仓库的行程。如 AGV 在工位 5 搬运服务代理数值为"0"，表示不再提供搬运服务，返回仓库，D_w 行程计算如下：在表 8-3 中，工位 5 的网格位置为 (3,3)，仓库位置为 (0,0)，网格划分长度为 2 m，在单位统计时间窗内，$D_w = (3+3) \times 2 \text{ m} = 12 \text{ m}$。

如图 8-11 所示，将三个方案的搬运系统中机器人 AGV 移动总行程进行比较。对于 OTODD、CACR 方案与本书所提方案，第 18 号 AGV 节点的总行程分别为 186 m、51 m、88 m；从总体上看，对于 AGV 的移动总行程，采用 OTODD 方案时最大，采用 CACR 方案时最小。与 OTODD 方案相比，本书所提方案能耗明显低些，优化能力强；与 CACR 方案相比，本书所提方案能耗较高，优化能力弱。本书所提方案与 CACR 方案的主要差别在于邻近 AGV 搬运服务发现阶段：本书所提方案基于时空区间范围进行筛选，使得一个用户请求同时映射多个服务提供节点，且通过需求势场，一个搬运任务可吸引多个 AGV 按需均衡地分担完成；而 CACR 直接采用距离最近原则，被选中的 AGV 设备按最大运量尽可能多地完成搬运任务。因此，与 CACR 方案相比，在相同搬运任务情况下，本书所提方案中运动的 AGV 数量较多，造成单个 AGV 的全局行程增加，从而节能效果无法达到最优。

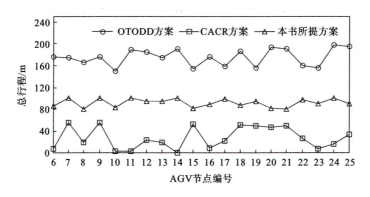

图 8-11 三个方案的 AGV 移动总行程（系统能耗）比较

8.4 本章小结

本章以智能工厂车间物流中的人与 AGV 协作生产为背景,设计了人机隐式互操作仿真原型系统,验证了第 6 章所提需求势场及按需服务发现算法,并评估了第 7 章所提隐式社会关系辅助的服务连接策略的能效。案例分析表明,本书所提关键技术能提升人机混杂工业生产系统的平衡性,改善系统能耗,为绿色制造人机一体化提供部分参考方案。由于研究时间短和团队成员知识储备有限,车间物流人机互操作建模与仿真软件适用范围有待进一步拓展。

参考文献

[1] 周济. 智能制造——"中国制造 2025"的主攻方向[J]. 中国机械工程, 2015, 26(17):2273-2284.

[2] KAGERMANN H, WAHLSTER W, HELBIG J, et al. Recommendations for implementing the strategic initiative INDUSTRIE 4.0[M]. Forschungsunion, 2013.

[3] COALITION S. Implementing 21st century smart manufacturing[EB/OL]. [2013-03-02]. https://smart-proces-manufacturing.ucla.edu/.

[4] LORENTZ M, RÜßMANN M, STRACK R, et al. Man and machine in industry 4.0: how will technology transform the industrial workforce through 2025?[R]. Boston:The Boston Consulting Group, 2015.

[5] RÜßMANN M, LORENZ M, GERBERT P, et al. Industry 4.0: the future of productivity and growth in manufacturing industries[R]. Boston: Boston Consulting Group, 2015.

[6] ROMERO D, BERNUS P, NORAN O, et al. The operator 4.0: human cyber-physical systems & adaptive automation towards human-automation symbiosis work systems[C]//Proceedings of IFIP International Conference on Advances in Production Management Systems. Heidelberg: Springer, 2016:677-686.

[7] LEE J, BAGHERI B, JIN C. Introduction to cyber manufacturing[J]. Manufacturing Letters, 2016, 8:11-15.

[8] JIANG P Y, DING K, LENG J W. Towards a cyber-physical-social-connected and service-oriented manufacturing paradigm: social manufacturing[J]. Manufacturing Letters, 2016, 7:15-21.

[9] CHENG Y, TAO F, XU L, et al. Advanced manufacturing systems: supply-demand matching of manufacturing resource based on complex net-

works and internet of things[J]. Enterprise Information Systems,2018, 12(7):780-797.

[10] LEE J, BAGHERI B, KAO H A. A cyber-physical systems architecture for industry 4.0-based manufacturing systems[J]. Manufacturing Letters, 2015, 3:18-23.

[11] TAO F, ZHANG M. Digital twin shop-floor: a new shop-floor paradigm towards smart manufacturing[J]. IEEE Access, 2017, 5:20418-20427.

[12] MOURTZIS D, DOUKAS M. Design and planning of manufacturing networks for mass customisation and personalisation: challenges and outlook[J]. Procedia CIRP, 2014, 19: 1-13.

[13] 陶飞,张萌,程江峰,等. 数字孪生车间——一种未来车间运行新模式[J]. 计算机集成制造系统,2017,23(1):1-9.

[14] QI Q, TAO F. Digital twin and big data towards smart manufacturing and industry 4.0: 360 degree comparison[J]. IEEE Access, 2018, 6: 3585-3593.

[15] ROMERO D, NORAN O, STAHRE J, et al. Towards a human-centred reference architecture for next generation balanced automation systems: human-automation symbiosis[C]//Proceedings of IFIP International Conference on Advances in Production Management Systems. Berlin, Heidelberg:Springer, 2015: 556-566.

[16] ROMERO D, STAHRE J, WUEST T, et al. Towards an operator 4.0 typology: a human-centric perspective on the fourth industrial revolution technologies[C]//Proceedings of International Conference on Computers & Industrial Engineering(CIE 46), 2016:1-11.

[17] MIRANDA J, MÄKITALO N, GARCIA-ALONSO J, et al. From the internet of things to the internet of people[J]. IEEE Internet Computing, 2015, 19(2): 40-47.

[18] DELMASTRO F, ARNABOLDI V, CONTI M. People-centric computing and communications in smart cities[J]. IEEE Communications Magazine, 2016, 54(7): 122-128.

[19] KIETZMANN J. Interactive innovation of technology for mobile work[J]. European Journal of Information Systems, 2008, 17(3): 305-320.

[20] JANLERT L E, STOLTERMAN E. The meaning of interactivity—some proposals for definitions and measures[J]. Human-Computer Interaction, 2016, 32(3):103-138.

[21] ZÜHLKE D, OLLINGER L. Agile automation systems based on cyber-physical systems and service-oriented architectures[C]//Proceedings of the 2011 International Conference on Automation and Robotics(ICAR 2011 V1). Berlin, Heidelberg:Springer, 2011:562-569.

[22] BERGWEILER S, WEST-PHALL C B, MAURI J L, et al. Intelligent manufacturing based on self-monitoring cyber-physical systems[J]. UBICOMM 2015, 2015:121.

[23] 王桂新,干一慧. 中国的人口老龄化与区域经济增长[J]. 中国人口科学, 2017(3):30-42.

[24] GRUBER F E. Industry 4.0:a best practice project of the automotive industry[C]//KOVÁCS G L, KOCHAN D. Digital Product and Process Development Systems. Berlin, Heidelberg:Springer 2013:36-40.

[25] SAILER J. M2M—internet of things—web of things-industry 4.0[J]. e & i Elektrotechnik und Informationstechnik, 2014, 131(1):3-4.

[26] BLANCHET M. Industry 4.0:the new industrial revolution[R]. Roland Berger Strategy Consultants, 2014.

[27] JESCHKE S, BRECHER C, MEISEN T, et al. Industrial internet of things and cyber manufacturing systems[J]. Industrial Internet of Things,Springer Series in Wireless Technology, 2017:3-19.

[28] WANG S Y, WAN J F, ZHANG D Q, et al. Towards smart factory for industry 4.0: a self-organized multi-agent system with big data based feedback and coordination[J]. Computer Networks, 2016, 101:158-168.

[29] SHARIATZADEH N, LUNDHOLM T, LINDBERG L, et al. Integration of digital factory with smart factory based on internet of things[J]. Procedia CIRP, 2016, 50:512-517.

[30] WANG S Y, WAN J F, IMRAN M, et al. Cloud-based smart manufacturing for personalized candy packing application[J]. Journal of Supercomputing, 2016, 74(9):4339-4357.

[31] BANNAT A, BAUTZE T, BEETZ M, et al. Artificial cognition in pro-

duction systems[J]. IEEE Transactions on Automation Science and Engineering, 2011, 8(1): 148-174.

[32] FABER M, MERTENS A, SCHLICK C M. Cognition-enhanced assembly sequence planning for ergonomic and productive human-robot collaboration in self-optimizing assembly cells[J]. Production Engineering, 2017, 11(2): 145-154.

[33] ZELTZER L, AGHEZZAF E H, LIMÈRE V. Workload balancing and manufacturing complexity levelling in mixed-model assembly lines[J]. International Journal of Production Research, 2017, 55(10): 2829-2844.

[34] PACAUX-LEMOINE M P, TRENTESAUX D, REY G Z, et al. Designing intelligent manufacturing systems through human-machine cooperation principles: a human-centered approach[J]. Computers & Industrial Engineering, 2017, 111: 581-595.

[35] DOLTSINIS S, FERREIRA P, LOHSE N. An MDP model-based reinforcement learning approach for production station ramp-up optimization: Q-learning analysis[J]. IEEE Transactions on Systems, Man, and Cybernetics: Systems, 2014, 44(9): 1125-1138.

[36] WILLMANN R, KASTNER W. Product ramp-up for semiconductor manufacturing automated recommendation of control system setup[M]//BIFFL S, SABOU M. Semantic Web Technologies for Intelligent Engineering Applications. Berlin, Heidelberg: Springer, 2016: 219-255.

[37] WANG L H, TÖRNGREN M, ONORI M. Current status and advancement of cyber-physical systems in manufacturing[J]. Journal of Manufacturing Systems, 2015, 37: 517-527.

[38] SATO E, YAMAGUCHI T, HARASHIMA F. Natural interface using pointing behavior for human-robot gestural interaction[J]. IEEE transactions on Industrial Electronics, 2007, 54(2): 1105-1112.

[39] JUNG K, CHOI S S, KULVATUNYOU B, et al. A reference activity model for smart factory design and improvement[J]. Production Planning & Control, 2017, 28(2): 108-122.

[40] GREINKE B, GUETL N, WITTMANN D, et al. Interactive workwear: smart maintenance jacket[C]//Proceedings of ACM International Joint

Conference on Pervasive and Ubiquitous Computing: Adjunct. New York:ACM, 2016:470-475.

[41] SCHIRNER G, ERDOGMUS D, CHOWDHURY K, et al. The future of human-in-the-loop cyber-physical systems[J]. Computer, 2013, 46(1): 36-45.

[42] VALENZUELA-VALDES J F, LOPEZ M A, PADILLA P, et al. Human neuro-activity for securing body area networks: application of brain-computer interfaces to people-centric internet of things[J]. IEEE Communications Magazine, 2017, 55(2):62-67.

[43] LIU J J, SUN W. Smart attacks against intelligent wearables in people-centric internet of things[J]. IEEE Communications Magazine, 2016, 54(12): 44-49.

[44] SILVA J S, ZHANG P, PERING T, et al. People-centric internet of things[J]. IEEE Communications Magazine, 2017, 55(2):18-19.

[45] KONG X T R, LUO H, HUANG G Q, et al. Industrial wearable system: the human-centric empowering technology in industry 4.0[J]. Journal of Intelligent Manufacturing, 2019,30(3):2853-2869.

[46] DUTTA D, TAZIVAZVINO C, DAS S, et al. Social internet of things (SIoT): transforming smart object to social object[C]//Proceedings of NCMAC, 2015.

[47] ATZORI L, IERA A, MORABITO G. From "smart objects" to "social objects": the next evolutionary step of the internet of things[J]. IEEE Communications Magazine, 2014, 52(1):97-105.

[48] DEW N. Lipsticks and razorblades: how the auto ID center used pre-commitments to build the internet of things[J]. Social Science Electronic Publishing, 2007.

[49] SOTIRIADIS S, STRAVOSKOUFOS K, PETRAKIS E G M. Future internet systems design and implementation: cloud and IoT services based on IoT-A and fiware[M]//ANGELAKIS V, TRAGOS E, PÖHLS H C, et al. Designing, Developing, and Facilitating Smart Cities. Berlin, Heidelberg:Springer, 2017:193-207.

[50] LANE N D, LIN M, RABBI M, et al. BeWell: sensing sleep, physical

activities and social interactions to promote wellbeing[J]. Mobile Networks & Applications, 2014, 19(3):345-359.

[51] YANG L, LI W F, GE Y H, et al. People-centric service for mhealth of wheelchair users in smart cities[M]// FORTINO G, TRUNFIO P. Internet of Things Based on Smart Objects. Berlin, Heidelberg: Springer, 2014:163-179.

[52] CAMPBELL A T, EISENMAN S B, LANE N D, et al. The rise of people-centric sensing[J]. IEEE Internet Computing, 2008, 12(4): 12-21.

[53] KIM H, AHN C R, YANG K. A people-centric sensing approach to detecting sidewalk defects[J]. Advanced Engineering Informatics, 2016, 30(4):660-671.

[54] OCHOA S F, SANTOS R. Human-centric wireless sensor networks to improve information availability during urban search and rescue activities [J]. Information Fusion, 2015, 22:71-84.

[55] VOLPENTESTA A P. A framework for human interaction with mobiquitous services in a smart environment[J]. Computers in Human Behavior, 2015, 50:177-185.

[56] FORTINO G, GUERRIERI A, RUSSO W, et al. Towards a development methodology for smart object-oriented IoT systems: a metamodel approach[C]// Proceedings of 2015 IEEE International Conference on Systems, Man, and Cybernetics. New York:IEEE, 2016:1297-1302.

[57] NUNES D S, ZHANG P, SILVA J S. A survey on human-in-the-loop applications towards an internet of all[J]. IEEE Communications Surveys & Tutorials, 2015, 17(2):944-965.

[58] ZHANG N Y, CHEN H J, CHEN X, et al. Semantic framework of internet of things for smart cities: case studies[J]. Sensors, 2016, 16(9): 1501.

[59] ATZORI L, IERA A, MORABITO G, et al. The social internet of things (SIoT)—when social networks meet the internet of things: concept, architecture and network characterization[J]. Computer Networks, 2012, 56(16):3594-3608.

[60] MIRANDA J, MÄKITALO N, GARCIA-ALONSO J, et al. From the internet of things to the internet of people[J]. IEEE Internet Computing, 2015, 19(2):40-47.

[61] CALDERON M A, DELGADILLO S E, GARCIA-MACIAS J A. A more human-centric internet of things with temporal and spatial context [J]. Procedia Computer Science, 2016, 83:553-559.

[62] PILLONI V, ATZORI L. Consensus-based resource allocation among objects in the internet of things[J]. Annals of Telecommunications, 2017,72(15):415-429.

[63] 黄海平,徐宁,王汝传,等. 物联网环境下的智能移动设备隐式认证综述[J]. 南京邮电大学学报(自然科学版),2016,36(5):24-29.

[64] LOKE S W. Extreme cooperation with smart things[M]//LOKE S W. Crowd-Powered Mobile Computing and Smart Things. Berlin, Heidelberg:Springer, 2017:27-38.

[65] 徐光祐,陶霖密,史元春,等. 普适计算模式下的人机交互[J]. 计算机学报, 2007, 30(7):1041-1053.

[66] 王国建,陶霖密. 支持隐式人机交互的分布式视觉系统[J]. 中国图象图形学报,2010, 15(8):1133-1138.

[67] 王巍,黄晓丹,赵继军,等. 隐式人机交互[J]. 信息与控制,2014,43(1):101-109.

[68] 马翠霞,任磊,滕东兴,等. 云制造环境下的普适人机交互技术[J]. 计算机集成制造系统,2011,17(3):504-510.

[69] 张祖国. 面向社会化协同的智能制造体系结构[J]. 计算机集成制造系统,2016,22(7):1779-1788.

[70] DOMASZEWICZ J, LALIS S, PRUSZKOWSKI A, et al. Soft actuation: smart home and office with human-in-the-loop[J]. IEEE Pervasive Computing, 2016, 15(1):48-56.

[71] SCHNEEGASS S, OLSSON T, MAYER S, et al. Mobile interactions augmented by wearable computing: a design space and vision[J]. International Journal of Mobile Human Computer Interaction, 2016, 8(4):104-114.

[72] KOBAYASHI G. The ethical impact of the internet of things in social

relationships[J]. IEEE Consumer Electronics Magazine,2016,5(3):85-89.

[73] WANG S Y,ZHANG C H,LIU C L,et al. Cloud-assisted interaction and negotiation of industrial robots for the smart factory[J]. Computers & Electrical Engineering,2017,63:66-78.

[74] FEDOROV A,GOLOSCHCHAPOV E,IPATOV O,et al. Aspects of smart manufacturing via agent-based approach[J]. Procedia Engineering,2015,100:1572-1581.

[75] LENDERS V,MAY M,PLATTNER B. Service discovery in mobile ad hoc networks: a field theoretic approach[J]. Pervasive & Mobile Computing,2005,1(3):343-370.

[76] LIANG O,SEKERCIOGLU Y A,MANI N. A low-cost flooding algorithm for wireless sensor networks[C]//Proceedings of 2007 IEEE Wireless Communications and Networking Conference. New York:IEEE,2007:3495-3500.

[77] MUSOLESI M,MASCOLO C. A community based mobility model for ad hoc network research[C]//Proceedings of the 2nd international workshop on Multi-hop ad hoc networks: from theory to reality. New York: ACM,2006:31-38.

[78] CHA M,KWAK H,RODRIGUEZ P,et al. I tube, you tube, everybody tubes: analyzing the world's largest user generated content video system[C]//Proceedings of the 7th ACM SIGCOMM Conference on Internet Measurement. New York:ACM,2007:1-14.

[79] MACHADO K,ROSÁRIO D,CERQUEIRA E,et al. A routing protocol based on energy and link quality for internet of things applications [J]. Sensors,2013,13(2):1942-1964.

[80] 于瑞云,夏兴有,李婕,等. 参与式感知系统中基于社会关系的移动用户位置预测算法[J]. 计算机学报,2015,38(2):374-385.

[81] NAKANO T. Biologically inspired network systems: a review and future prospects[J]. IEEE Transactions on Systems, Man, and Cybernetics, Part C (Applications and Reviews),2011,41(5):630-643.

[82] LIOTTA A. Why the internet needs cognitive protocols[J/OL]. IEEE

Spectrum. https://spectrum.ieee.org/why-the-internet-needs-cognitive-protocals.

[83] LAHA A, CAO X H, SHEN W L, et al. An energy efficient routing protocol for device-to-device based multihop smartphone networks[C]// Proceedings of 2015 IEEE International Conference on Communications (ICC). New York: IEEE, 2015:5448-5453.

[84] JI L H, HAN B, LIU M, et al. Applying device-to-device communication to enhance IoT services[J]. IEEE Communications Standards Magazine, 2017, 1(2):85-91.

[85] BELLO O, ZEADALLY S, BADRA M. Network layer inter-operation of device-to-device communication technologies in internet of things (IoT)[J]. Ad Hoc Networks, 2017, 57: 52-62.

[86] DE POORTER E, MOERMAN I, DEMEESTER P. Enabling direct connectivity between heterogeneous objects in the internet of things through a network-service-oriented architecture[J]. EURASIP Journal on Wireless Communications and Networking, 2011(1): 1-14.

[87] ALIZADEH A, BAHRAMI H R, MALEKI M. Performance analysis of spatial modulation in overlay cognitive radio communications[J]. IEEE Transactions on Communications, 2016, 64(8): 3220-3232.

[88] FODOR G, DAHLMAN E, MILDH G, et al. Design aspects of network assisted device-to-device communications[J]. IEEE Communications Magazine, 2012, 50(3):170-177.

[89] TAHIR M, HABAEBI M H, ISLAM M R. Novel distributed algorithm for coalition formation for enhanced spectrum sensing in cognitive radio networks[J]. AEU—International Journal of Electronics and Communications, 2017, 77:139-148.

[90] HUSSAIN F, ANPALAGAN A, VANNITHAMBY R. Medium access control techniques in M2M communication: survey and critical review[J]. Transactions on Emerging Telecommunications Technologies, 2014,28(1):787-813.

[91] MOCANU D C, EXARCHAKOS G, LIOTTA A. Decentralized dynamic understanding of hidden relations in complex networks[J]. Sci-

entific Reports, 2018, 8(1):1571-1584.

[92] LI Y, WU T, HUI P, et al. Social-aware D2D communications: qualitative insights and quantitative analysis[J]. IEEE Communications Magazine, 2014, 52(6): 150-158.

[93] ZHANG B T, LI Y, JIN D P, et al. Social-aware peer discovery for D2D communications underlaying cellular networks[J]. IEEE Transactions on Wireless Communications, 2015, 14(5): 2426-2439.

[94] ZHANG Y R, SONG L Y, SAAD W, et al. Exploring social ties for enhanced device-to-device communications in wireless networks[C]// Proceedings of 2013 IEEE Global Communication Conference. New York: IEEE, 2013:4597-4602.

[95] ZHANG Y R, SONG L Y, JIANG C X, et al. A social-aware framework for efficient information dissemination in wireless ad hoc networks[J]. IEEE Communications Magazine, 2017, 55(1): 174-179.

[96] 朱匆, 刘元君, 彭自然, 等. 移动云计算中基于协作式博弈模型的资源分配方案[J]. 计算机应用研究, 2014, 31(3):912-916.

[97] ZHENG Z J, WANG T Y, SONG L Y, et al. Social-aware multi-file dissemination in device-to-device overlay networks[C]//Proceedings of 2014 IEEE Conference on Computer Communications Workshops. New York: IEEE, 2014:219-220.

[98] CHEN X, PROULX B, GONG X W, et al. Social trust and social reciprocity based cooperative D2D communications[C]//Proceedings of the Fourteenth ACM International Symposium on Mobile ad hoc Networking and Computing. New York:ACM, 2013: 187-196.

[99] WAN J F, YI M L, LI D, et al. Mobile services for customization manufacturing systems: an example of industry 4.0[J]. IEEE Access, 2016(5):8977-8986.

[100] 华镕. 移动性和互联制造专家的崛起[J]. 仪器仪表标准化与计量, 2016(4): 9-12.

[101] 王巍. 隐式人机交互[M]. 西安:西安电子科技大学出版社, 2015.

[102] 孙国栋, 许斌. 以人为中心的感知[J]. 小型微型计算机系统, 2012, 33(7):1393-1403.

[103] 于瑞云,王鹏飞,白志宏,等. 参与式感知:以人为中心的智能感知与计算[J]. 计算机研究与发展,2017,54(3):457-473.

[104] LONGO F,NICOLETTI E,PADOVANO A,et al. Smart operators in industry 4.0:a human-centered approach to enhance operators'capabilities and competencies within the new smart factory context[J]. Computers & Industrial Engineering,2017,113:144-159.

[105] 辛国斌,田世宏. 智能制造标准案例集[M]. 北京:电子工业出版社,2016.

[106] 辛国斌. 智能制造探索与实践:46项试点示范项目汇编[M]. 北京:电子工业出版社,2016.

[107] SCHOLTEN B. The road to integration:a guide to applying the ISA-95 standard in manufacturing [M]. Los Angeles:ISA,2007.

[108] YANG L,GE Y H,LI W F,et al. A home mobile healthcare system for wheelchair users[C]//Proceedings of the 2014 IEEE 18th International Conference on Computer Supported Cooperative Work in Design. New York:IEEE,2014:609-614.

[109] PTICEK M,PODOBNIK V,JEZIC G. Beyond the internet of things:the social networking of machines[J]. International Journal of Distributed Sensor Networks,2016(4):1-15.

[110] SHADBOLT N R,SMITH D A,SIMPERL E,et al. Towards a classification framework for social machines[C]//Proceedings of the 22nd International Conference on World Wide Web. New York:ACM,2013:905-912.

[111] XIONG G,WANG F Y,NYBERG T R,et al. From mind to products:towards social manufacturing and service[J]. IEEE/CAA Journal of Automatica Sinica,2018,5(1):47-57.

[112] WENG T T,ZHANG J,SMALL M,et al. Memory and betweenness preference in temporal networks induced from time series[J]. Scientific Reports,2017,7:41951.

[113] 钟叶. 面向云物流的资源虚拟化与服务组合相关技术研究[D]. 武汉:武汉理工大学,2015.

[114] GONZÁLEZ M C,HIDALGO C A,BARABÁSI A L. Understanding

individual human mobility patterns[J]. Nature, 2008, 453(7196): 779-782.

[115] ZONOOZI M M, DASSANAYAKE P. User mobility modeling and characterization of mobility patterns[J]. IEEE Journal on Selected Areas in Communications, 1997, 15(7):1239-1252.

[116] JIANG C X, ZHANG H J, REN Y, et al. Energy-efficient non-cooperative cognitive radio networks: micro, meso, and macro views[J]. IEEE Communications Magazine, 2014, 52(7):14-20.

[117] ZHAO G D, YANG C Y, LI G Y, et al. Power and channel allocation for cooperative relay in cognitive radio networks[J]. IEEE Journal of Selected Topics in Signal Processing, 2011, 5(1):151-159.

[118] WANG E, CHOW R. What can i do here? IoT service discovery in smart cities[C]//IEEE. Proceedings of 2016 IEEE International Conference on Pervasive Computing and Communication Workshops. New York:IEEE, 2016:1-6.

[119] AMATO A, JUNG J J, VENTICINQUE S. Extending the internet of energy by a social networking of human users and autonomous agents[J]. Multimedia Tools & Applications, 2017,76(8):26057-26076.

[120] GIRET A, TRENTESAUX D, SALIDO M A, et al. A holonic multi-agent methodology to design sustainable intelligent manufacturing control systems[J]. Journal of Cleaner Production, 2017, 167: 1370-1386.

[121] VALLÉE M, RAMPARANY F, VERCOUTER L. A multi-agent system for dynamic service composition in ambient intelligence environments[C]//Proceedings of the Third International Conference on Pervasive Computing, 2005:175-182.

[122] PARASURAMAN R, RILEY V. Humans and automation: use, misuse, disuse, abuse[J]. Human Factors, 1997, 39(2):230-253.

[123] RIMON E, KODITSCHEK D E. Exact robot navigation using artificial potential functions[J]. IEEE Transactions on Robotics and Automation, 1992, 8(5):501-518.

[124] LI W F, ZHONG Y, WANG X, et al. Resource virtualization and service selection in cloud logistics[J]. Journal of Network & Computer

Applications, 2013, 36(6):1696-1704.

[125] FORTUNATO S. Community detection in graphs[J]. Physics Reports, 2009, 486(3-5):75-174.

[126] TIBSHIRANI R. Regression shrinkage and selection via the lasso: a retrospective[J]. Journal of the Royal Statistical Society, 2011, 73(3):273-282.

[127] ZHU Y S, SHTYKH R Y, JIN Q. A human-centric framework for context-aware flowable services in cloud computing environments[J]. Information Sciences, 2014, 257(2):231-247.

[128] PULIAFITO A, CUCINOTTA A, MINNOLO A L, et al. Making the internet of things a reality: the wherex solution[M]// GIUSTO D, LERA A, MORABITO G, et al. The Internet of Things. Berlin, Heidelberg: Springer, 2010:99-108.

[129] LUKE S, CIOFFI-REVILLA C, PANAIT L, et al. Mason: a multiagent simulation environment[J]. Simulation, 2005, 81(7):517-527.

[130] INTANAGONWIWAT C, GOVINDAN R, ESTRIN D, et al. Directed diffusion for wireless sensor networking[J]. IEEE/ACM Transactions on Networking, 2003, 11(1):2-16

[131] DINH T, KIM Y, GU T, et al. L-MAC: a wake-up time self-learning MAC protocol for wireless sensor networks[J]. Computer Networks, 2016, 105:33-46.

[132] WAN J F, TANG S L, HUA Q S, et al. Context-aware cloud robotics for material handling in cognitive industrial internet of things[J]. IEEE Internet of Things Journal, 2018, 5(4):2272-2281.

[133] LUO Y, DUAN Y, LI W F, et al. Workshop networks integration using mobile intelligence in smart factories[J]. IEEE Communications Magazine, 2018, 56(2):68-75.

[134] LUO Y, DUAN Y, LI W F, et al. A novel mobile and hierarchical data transmission architecture for smart factories[J]. IEEE Transactions on Industrial Informatics, 2018, 14(8):3534-3546.

[135] WOLLSCHLAEGER M, SAUTER T, JASPERNEITE J. The future of industrial communication: automation networks in the era of the

internet of things and industry 4. 0[J]. IEEE Industrial Electronics Magazine, 2017, 11(1):17-27.

[136] BOND R M, FARISS C J, JONES J J, et al. A 61-million-person experiment in social influence and political mobilization[J]. Nature, 2012, 489(7415): 295-298.

[137] HUI P, CROWCROFT J, YONEKI E. BUBBLE rap: social-based forwarding in delay-tolerant networks[J]. IEEE Transactions on Mobile Computing, 2011, 10(11):1576-1589.

[138] CRESCENZI P, IANNI M D, MARINO A, et al. Spatial node distribution of Manhattan path based random waypoint mobility models with applications[C]// KUTTEN S, ŽEROVNIK J. International Colloquium on Structural Information and Communication Complexity. Berlin, Heidelberg:Springer-Verlag, 2009:154-166.

[139] YU Z Y, YU Z W, CHEN Y Z. Multi-hop mobility prediction[J]. Mobile Networks and Applications, 2016, 21(2):367-374.

[140] SOELISTIJANTO B, HOWARTH M. Traffic distribution and network capacity analysis in social opportunistic networks[C]//Proceedings of 2012 IEEE 8th International Conference on Wireless and Mobile Computing, Networking and Communications (WiMob). New York:IEEE, 2012:823-830.

[141] ZHANG Q. Dynamic uncertain causality graph for knowledge representation and probabilistic reasoning: directed cyclic graph and joint probability distribution[J]. IEEE Transactions on Neural Networks & Learning Systems, 2015, 26(7):1503-1517.

[142] LIOTTA A, EXARCHAKOS G. A peek at the future internet[M]// LIOTTA A, EXARCHAKOS G. Networks for Pervasive Services. Berlin, Heidelberg: Springer, 2011: 145-155.

[143] WANG W, SRINIVASAN V, MOTANI M. Adaptive contact probing mechanisms for delay tolerant applications[C]//Proceedings of the 13th Annual International Conference on Mobile Computing and Networking, MOBICOM 2007. New York:Association for Computing Machinery, 2007:230-241.

[144] 陈新兴，应坚刚. 中国餐馆过程中的最大餐桌[J]. 中国科学，2009，39(7)：817-826.

[145] MOCHAOURAB R，JORSWIECK E，BENGTSSON M. Distributed clustering for multiuser networks through coalition formation[J]. arXiv preprint arXiv：1701.06220，2017.

[146] CHUANG Y J，LIN C J. Cellular traffic offloading through community-based opportunistic dissemination[C]//Proceedings of 2012 IEEE Wireless Communications and Networking Conference. New York：IEEE，2012：3188-3193.

[147] KERÄNEN A，OTT J，KÄRKKÄINEN T. The ONE simulator for DTN protocol evaluation[C]//Proceedings of the 2nd International Conference on Simulation Tools and Techniques. Brussels，Belgium：ICST，2009：1-10.

[148] SCOTT J，GASS R，CROWCROFT J，et al. CRAWDAD dataset cambridge/haggle (v. 2006-09-15)[J]. CRAWDAD Wireless Network Data Archive，2006.

[149] PIETILÄINEN A K，OLIVER E，LEBRUN J，et al. MobiClique：middleware for mobile social networking[C]//Proceedings of the 2nd ACM workshop on online social networks. New York：ACM，2009：49-54.

[150] KARAGIANNIS T，BOUDEC J Y L. Power law and exponential decay of intercontact times between mobile devices[C]//Proceedings of the 13th Annual ACM International Conference on Mobile Computing and Networking. New York：ACM，2007：183-194.

[151] KRUGH M，MCGEE E，MCGEE S，et al. Measurement of operator-machine interaction on a chaku-chaku assembly line[J]. Procedia Manufacturing，2017，10：123-135.

[152] SU Q，LIU L，WHITNEY D E. A systematic study of the prediction model for operator-induced assembly defects based on assembly complexity factors[J]. IEEE Transactions on Systems，Man，and Cybernetics—Part A：Systems and Humans，2010，40(1)：107-120.

[153] WANG Q，SOWDEN M，MILEHAM A R. Modelling human perfor-

mance within an automotive engine assembly line[J]. The International Journal of Advanced Manufacturing Technology, 2013, 68(1-4): 141-148.

[154] EROL S, JÄGER A, HOLD P, et al. Tangible industry 4.0: a scenario-based approach to learning for the future of production[J]. Procedia CIRP, 2016, 54:13-18.

[155] 陈红霞. 工业现场总线在物料 ANDON 系统的应用[J]. 现代工业经济和信息化, 2017,7(17):45-46,53.

[156] XU X Y, ZHONG M, WAN J F, et al. Health monitoring and management for manufacturing workers in adverse working conditions[J]. Journal of Medical Systems, 2016, 40(10):1-7.

[157] ZHANG Y F, ZHANG G, DU W, et al. An optimization method for shopfloor material handling based on real-time and multi-source manufacturing data[J]. International Journal of Production Economics, 2015, 165(3):282-292.

[158] 马华东, 袁培燕, 赵东. 移动机会网络路由问题研究进展[J]. 软件学报, 2015, 26(3):600-616.

[159] 韩天天, 王子旗. H 公司总装生产线混流装配线平衡研究[J]. 商情, 2013(3):255.

[160] LEPPÄNEN T, MILARA I S, YANG J L, et al. Enabling user-centered interactions in the internet of things[C]//Proceedings of 2016 IEEE International Conference on Systems, Man, and Cybernetics. Berlin, Heidelberg: IEEE, 2017.

 附录

附录 A 人与 AGV 协同搬运的车间布局及隐式关系示例

1. 车间布局图

图 A-1 所示为车间布局。

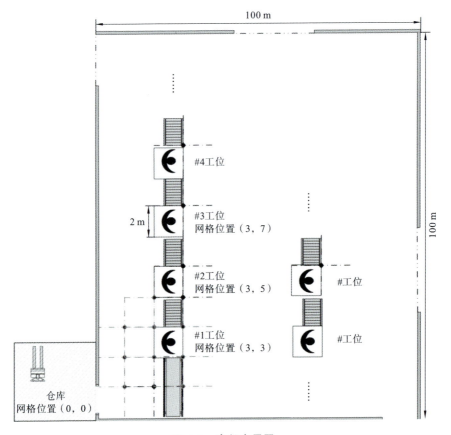

图 A-1 车间布局图

2. AGV 路径——曼哈顿模型网格

图 A-2 所示为 AGV 路径——曼哈顿模型网格。

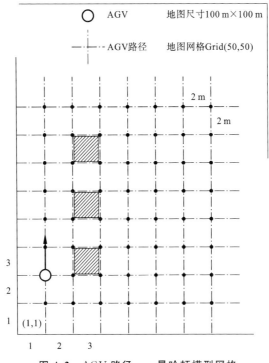

图 A-2　AGV 路径——曼哈顿模型网格

3. 人与 AGV 混杂网络的隐式社会关系示例

图 A-3 为单位时间内人与 AGV 接触示意图（单元网格划分长度为 2 m，人机无线设备通信半径为 5 m）。

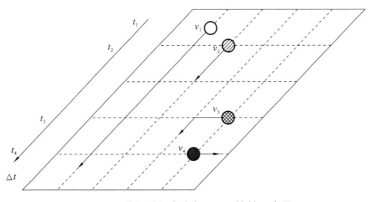

图 A-3　单位时间内人与 AGV 接触示意图

表 A-1 是单位时间内人与 AGV 接触示例与说明。

表 A-1 单位时间内人与 AGV 接触示例与说明

社会关系	细则与指标	示例与说明
某时刻 D2D 间接触关系图	t_1 时刻接触图	v_1 ○
	t_2 时刻接触图	v_1 ○ / v_2
	t_3 时刻接触图	v_1 ○ / v_3
	t_4 时刻接触图	v_1 ○ / v_4 ●
单位时间窗口 Δt 内，人机隐式社会关系图	拓扑结构图	v_1, v_4, v_2, v_3
	节点连通社区	$\{v_1, v_2, v_3\}$
	中心节点	v_1
	社区大小	3
	孤立节点	v_4

附录 B 主要数学符号

表 B-1 为主要数学符号表。

表 B-1 主要数学符号表

符号	说明	符号	说明
h	用户节点	λ	单元网格划分长度
$A_{\text{service}}(h)$	用户节点提供服务的代理集合	$N(h)$	用户节点 h 邻近设备服务节点集合

续表

符号	说明	符号	说明
W_i	设备服务节点满足用户服务需求的比例	$\tau^*(h)$	单元时间内满足用户需求的服务节点集合
L_h	用户节点地址	Δt	单元时间划分长度
$A_{\text{request}}(h)$	用户节点包含的请求代理集合	γ_h^*	时间间隔 I_{request} 内满足用户服务请求的服务节点集合
$N_{\max}$	网格划分的单元网格总数	I_{request}	用户请求时间间隔
$G_{\text{agent}}(h)$	用户节点 h 内服务代理连接关系图	$S_{\text{request}}(h)$	用户节点 h 服务请求所需的原子服务集合
b_{hd}	服务节点 d 对用户节点 h 的可用状态	$S'_{\text{request}}(h)$	用户节点 h 剩余的服务请求所需原子服务集合
$A_{\text{neighbor}}(i)$	服务节点 i 邻居服务代理集合	$S_{\text{provide}}(j)$	节点 j 提供原子服务集合
d	社会化设备服务节点	$L(x,y,R)$	用户请求的触发区域
$\tau(h)$	满足用户节点 h 服务需求的服务节点集合	$\text{Que}(j)$	等待被服务节点 j 提供服务的请求序列
$S_{\text{select}}(j)$	服务节点 j 服务提供集合中被选择的原子服务集合	$Q(h)$	用户节点 h 的服务请求代理 $A_{\text{request}}(h)$ 的电荷量
$\tau_{\text{agent}}(h)$	满足用户节点 h 需求的服务提供代理集合	$q_{\text{service}}(j)$	服务节点 j 的服务提供代理的电荷量
$G_\lambda[i]$	用户节点 h 的邻近区域网格划分数组	$q_{\text{request}}(j)$	服务节点 j 的服务请求代理的负电荷量
$\text{Grid}[m][n]$ 或 $\text{Grid}(m,n)$	网格划分的单元网格位置	F_{attr}	两节点代理间的引力
R	节点无线通信范围半径	F_{AR}	两节点代理间的斥力
a	用户节点 h 的服务需求模型	$F(h,j)$	用户节点 h 筛选 j 的势场耦合合力
σ	引力与斥力耦合参数	N_{Auts}	请求代理集合的原子服务数量
$G_{\text{enhanced}}(V,E)$	社会化 D2D 增强网络图	δ_{ij}	节点 i 与 j 的接触频率
G_{soc}	社会化关系图	I_i	C_i 的社区影响因子

续表

符号	说明	符号	说明
G_{D2D}	D2D 网络图	c_i	节点 i 的社会化中心度
E_{soc}	社会化网络层无向边集合	P_i	节点 i 个体影响力
E_{D2D}	D2D 网络边集合	$\deg(u)$	节点 u 的度
V	智能设备节点集合（服务节点集合）	π_u	节点 u 的约束矩阵
$SINR(n_j)$	信号与干扰加噪声比	$1_{V_{ij}}(u)$	节点 u 联合度状态值
$N_{D2D}(u)$	节点 u 在 D2D 通信网络图中的邻居节点集合	$N_{soc}(u)$	节点 u 的社会关系图中邻居节点集合
$P_{sel}(u)$	联合度分布下当前节点被选择作为游走节点 u 的概率	V'	游走节点 u 遍历过的节点集合
$SINR^{SRD}(n_{ij})$	用户与目标服务节点连接的 SINR 模型	$P(u,v)$	节点 u 向 v 游走的概率
$P_j d_{ij}^{-\alpha}$	节点 j 接收信号的能量	p_{ij}	联合度分布
d_{ij}	节点 i 与 j 间的距离	$N(u)$	节点 u 的邻居节点集合
α	SINR 网络协议因子	N_{seed}	系统预设种子节点数量
w_{tr}^{SR}	信道带宽权重	V_{seed}	种子节点集合
P_r^S	传输能量	V_0	节点移动速度
$G(W)$	节点带权接触图	$F_D(x)$	接触间隔累积分布函数
e_{ij}	节点 i 和 j 的 D2D 接触边	C	社区集合
W	接触图的加权邻接矩阵	C_i	第 i 个社区
w_{ij}	节点 i 与 j 的边 e_{ij} 对应的权值	CI_{ij}	节点 i 与 j 的接触间隔
$V_{InitialSeed}(u)$	用户 u 初始种子节点集合	t_{MoveIn}	节点相遇时刻
$X_{inner\_meet}[a,b]$	接触间隔的平均分布	$t_{MoveOut}$	节点结束接触时刻
X_{phy_meet}	机会接触的韦布尔分布		